Ein Ort für mich allein

Patricia Blok

Ein Ort für mich allein

99 Entspannungsgeheimnisse

Aus dem Niederländischen
von Waltraud Heitzer-Gores

Marion von Schröder Verlag

Die Originalausgabe erschien 1998 unter dem Titel
99 ontspanningsgeheimen bei De Kern Baarn

Hinweis:
Das vorliegende Buch ist sorgfältig erarbeitet worden.
Dennoch erfolgen alle Angaben ohne Gewähr.
Weder Autorin, Verlag noch der Vertreiber können für
eventuelle Nachteile oder Schäden, die aus den im Buch gemachten
praktischen Hinweisen resultieren, eine Haftung übernehmen.

Der Marion von Schröder Verlag ist ein Unternehmen der
Econ Ullstein List Verlag GmbH & Co. KG

ISBN 3-547-71009-X

Redaktion: Bettina Traub

Satz: Leingärtner, Nabburg
Druck und Bindung: Clausen & Bosse, Leck

Zwischen Himmel und Erde ist eine Brücke,
und die bin ich selbst.
Patricia Blok

Für Philip Blok,
meinen 86-jährigen Vater,
der das Abenteuer des Lebens
mit dem Mut eines Löwen
und einem Herzen aus Gold
bewältigt hat.

Lebe jeden Augenblick, jeden Schritt, jeden Tag!
Philip Blok

INHALT

VORWORT

Liebe Leserin, lieber Leser,

herzlichen Glückwunsch! Mit diesem Buch in der Hand haben Sie bereits einen großen Schritt auf dem Weg zu mehr Entspannung in Ihrem Leben getan.

»Es ist nicht egoistisch, das zu machen, was einem gut tut. Es ist letztlich auch für andere besser«, sagte mir eine weise alte Frau, die ich regelmäßig zu meiner Inspiration aufsuche. In den letzten 20 Jahren war ich hauptsächlich damit beschäftigt, mich um andere zu kümmern: mit meiner Arbeit als Yogalehrerin, als Therapeutin, als Autorin und für meine Familie. Vor zwei Jahren geriet ich in eine schwere Krise. Viele meiner Träume waren Wirklichkeit geworden, aber ich fühlte mich vollkommen leer und ausgebrannt. Anfangs verstand ich nicht, was mit mir los war. Ich war immer so voller Energie, aber jetzt konnte ich einfach nicht mehr. Ich fiel in eine Art schwarzes Loch und wäre am liebsten nur noch im Bett geblieben.

Später verstand ich, dass dies die »dunkle Nacht der Seele« war, die viele Mystiker ansprechen. Zum Glück dauerte sie bei mir nicht allzu lange. Das führe ich auf die Tatsache zurück, dass ich Yoga praktiziere, meditiere und mich trotz meines hektischen Lebens immer gut ernährt habe. Aber in jener Zeit hatte ich sogar dazu keine Lust mehr.

Henk, mein Mann, hatte mich noch nie so erlebt und wusste sich keinen Rat. Er sagte, ich müsse fremde Hilfe in Anspruch nehmen. Das hatte ich bisher aber immer weit von mir gewiesen, schließlich wusste ich selbst immer so gut Bescheid. Aber tief in meinem Herzen spürte ich, dass er Recht hatte.

Vor vielen Jahren lernte ich eine Frau kennen, die ebenfalls eine schwere Krise durchmachte und mir erzählte, sie sei bei einer weisen alten Frau gewesen, die ihr enorm geholfen habe. Ich fragte sie nach deren Namen.

Ich nahm mir vor, diese Frau zu besuchen. Mir einzugestehen, dass ich, die ich immer anderen half, selbst auch um Hilfe bitten und Hilfe annehmen durfte, war für mich die erste Überwindung, die, wie sich zeigen sollte, nur der Beginn eines völlig neuen Prozesses war. Ich war in der Lage, verschiedene Projekte zum Erfolg zu führen, meine Familie zu versorgen, aber was konnte ich für mich bewirken?

Ich musste lernen, mich zu entspannen, mich mit mir selbst richtig anzufreunden, mich zurückzubesinnen und auf meine Wurzeln zu schauen. Mir wurde bewusst, dass es bestimmte Themen in meinem Leben gab, die ständig zurückkehrten. Wie war es möglich, dass ich nun derart festgefahren war? Wann und warum war das geschehen?

In meiner persönlichen Lebensgeschichte (s. Entspannungsgeheimnis 98) sind viele Geheimnisse enthalten, die meine individuelle Reise durch das Leben nicht nur erträglich, sondern auch fruchtbar gemacht haben. Das größte Geheimnis ist, darauf zu vertrauen, dass jede Veränderung, wie schwierig sie auch sein möge, notwendig ist, um die Reife für den nächsten Schritt zu einem bereicherten, erfüllten Leben zu erlangen.

Wie eine Raupe, die in ihrem Kokon noch eingeschlossen ist und nicht weiß, dass aus ihr ein Schmetterling wird, können Sie darauf vertrauen, dass die Phase, die Sie jetzt durchlaufen, ein Teil des Prozesses ist, in dem Sie immer mehr Sie selbst werden. So wie aus einer Eichel eine Eiche wird und keine Linde, so wird aus Ihnen werden, wer Sie sind.

In diesem Buch möchte ich Ihnen die besten Entspannungsmethoden, die ich kenne, vorstellen. Entspannung hat mit einem Zustand des absoluten Wohlbefindens zu tun. Sie kennt drei wesentliche Ebenen – die körperliche, die mental-emotionale und die spirituelle Ebene. Absolutes Wohlbefinden und vollkommene Entspannung treten ein, wenn sich diese drei Ebenen miteinander in Harmonie befinden. Harmonie ist Entspannung.

Als ich mich dazu inspiriert fühlte, »Ein Ort für mich allein« zu konzipieren, gefiel mir die Vorstellung am besten, 33 körperliche, 33 mental-emotionale und 33 spirituelle Geheimnisse hervorzuheben. Ich fing mit dem Schreiben an, und als ich mit der Stoffsammlung fertig war und die Einteilung machte, stellte ich zu meinem großen Erstaunen fest, dass ich tatsächlich ziemlich genau 33 Punkte zu jeder Zuordnung gefunden hatte!

Verfahren Sie mit den Geheimnissen, wie Sie möchten. Sie müssen sich auch nicht an die Reihenfolge halten. Jedes Geheimnis birgt in sich auch einen körperlichen, einen mental-emotionalen und einen spirituellen Aspekt.

Mein tiefster Wunsch ist es, dass Sie vieles wiedererkennen mögen und in diesem Buch einen guten Freund finden.

Patricia Blok

Einführung

Entspannung ist das größte Geheimnis, das ich kenne. Ein Geheimnis, das sich uns erst dann offenbart, wenn wir uns mehr und mehr mit uns selbst anfreunden. Entspannung heißt: Zeit mit der besten Freundin, mit dem besten Freund zu verbringen, und das sind wir selbst. Sich für sich selbst Zeit zu nehmen, ist also eine erste Voraussetzung für wirkliche Entspannung. Aber unser Leben ist oft schon mit Pflichten angefüllt, und es bleibt wenig Freiraum für Dinge, die einfach Spaß machen, ohne auf Leistung oder ein Resultat achten zu müssen.

Um das Geheimnis Entspannung zu verstehen, ist es wichtig zu wissen, dass Körper und Geist eine Einheit bilden. Wenn wir uns einseitig auslasten – entweder nur auf geistiger oder nur auf körperlicher Ebene –, entsteht in uns eine Disharmonie. Sich zu entspannen bedeutet, einen Weg zu finden, die Harmonie zwischen Körper und Geist herzustellen und Stress in Vitalität umzuwandeln. Die drei Ebenen, die in diesem Buch angesprochen werden – die körperliche, die mental-emotionale und die spirituelle –, sind eng miteinander verknüpft. Wenn wir einen besseren Zugang zu unserem Körper und zu unseren Emotionen finden, dann beeinflusst uns das auf geistiger Ebene ebenfalls positiv. Wer sich mit seinem Körper und seinem Geist anfreundet, erkennt die eigenen Stresssignale schneller und lernt, diese in Vitalität umzusetzen. Wie das geht, lesen Sie in diesem Buch.

In der alten Yogalehre wird der Körper in sieben Energiebereiche bzw. Kraftzentren eingeteilt, in die so genannten Chakren. Man könnte den Körper als einen Energietempel betrachten, in dem sich sieben unterschiedliche Altäre befinden, von denen jeder einen bestimmten Lebensbereich symbolisiert. Im Idealfall sähe beim Betreten des Tempels jeder Altar gleich gepflegt aus. Allerdings befindet sich niemand ständig in solch einem perfekten Gleichgewicht.

Ich hatte das große Glück, viele der besten spirituellen Lehrerinnen und Lehrer persönlich kennen zu lernen. Obwohl sie alle ausgesprochen inspirierte Persönlichkeiten sind, durchleben sie, wie alle anderen Menschen auch, schwierige Phasen.

Was ist das Besondere an diesen spirituellen Lehrern?

1. Jeder von ihnen hat auf eine ganz spezielle, persönliche Art gelernt, mit den Hindernissen und Beschränkungen im eigenen Leben umzugehen.
2. Ein spiritueller Lehrer hat sich nach seinen Möglichkeiten verwirklicht.

Wie können wir ein Gleichgewicht zwischen allen Bereichen unseres Lebens erreichen? Unsere Lebensführung wirkt sich ganz direkt auf unseren Körper und unseren Geist aus. Und umgekehrt sind unser körperlicher und geistiger Zustand Ausdruck der momentanen Umstände in unserem Leben. Ein spiritueller Mensch ist ein Mensch, der sich seinen Problemen stellt und sie zu lösen vermag.

Ich hoffe, Sie nutzen dieses Buch dazu, mehr Entspannung in Ihr Leben zu bringen. Alle Geheimnisse sind für Sie bestimmt. Sie können sie, wenn Sie möchten, auch miteinander kombinieren. Machen Sie es so, wie es Ihnen gut tut, wo und wann Sie wollen, und vor allem – genießen Sie es!

33 entspannungs-
geheimnisse
für körperliches
wohlbefinden

GEHEIMNIS 1

Entspannung durch Yoga

Beim Yoga stärkt die Kombination aus körperlichen Übungen, Atmung und Konzentration Ihr Immun- und Nervensystem und sorgt dafür, dass Sie den Turbulenzen des Lebens besser standhalten können. Auch die durch Anspannung erzeugten Energieblockaden können durch Yoga langsam wieder gelöst werden. Wer regelmäßig übt, lernt, seine Energie richtig einzusetzen und einen Ruhepunkt in sich selbst zu schaffen.

Achten Sie darauf, dass Sie die Übungen nicht mit vollem Magen beginnen; am günstigsten ist es vor den Mahlzeiten, keinesfalls direkt nach dem Essen. Bei jeder Yogaübung sollten Sie fortwährend auf Ihre Atmung achten. Die Harmonie zwischen Bewegung und Atmung ist von großer Bedeutung. Wenn Sie über einen längeren Zeitraum Yoga praktizieren, erfahren Sie, wie der gesamte Körper sowie alle einzelnen Körperteile und Organe entspannt werden können. Das erreichen Sie, indem Sie jeden Körperteil erst anspannen und dann entspannen.

Übung zur Entspannung des Nackenbereichs
Setzen Sie sich im Schneidersitz auf den Boden. Entspannen Sie Ihre Arme, lassen Sie Ihre Handgelenke oder auch die ganzen Hände auf den Knien ruhen. Bewegen Sie nun Ihren Kopf nach hinten, drehen Sie ihn langsam nach rechts und kommen Sie wieder in die Mitte zurück. Wiederholen Sie das Ganze 5-mal nach rechts und 5-mal nach links. Konzentrieren Sie sich auf Ihre Atmung. Atmen Sie tief ein.

Übung zur Entspannung der Schultern
Sie sitzen im Schneidersitz und strecken die Arme seitlich auf Schulterhöhe aus. Kreisen Sie nun mit den Armen 5-mal nach vorn und 5-mal nach hinten. Wenn Sie das gemacht haben, bringen Sie Ihre Hände zu den Schultern. Die Daumen sollen hinter und die Finger vor der Schulter liegen. Halten Sie diese Stellung, bis Sie ein Klopfen in den Fingern oder in den Schultern spüren. Das ist ein Zeichen der Entspannung. Lockern Sie nun Ihre Arme.

GEHEIMNIS 2

Die richtige Haltung gibt Energie

Machen Sie sich den Unterschied zwischen »nach oben schauen« und »nach unten schauen« bewusst. Lassen Sie es sich zur Gewohnheit werden, regelmäßig und mehrmals täglich beim Stehen, Sitzen und Gehen Ihre Haltung zu kontrollieren. Energie kann viel besser durch einen geraden Rücken strömen. Stellen Sie sich vor, wie Ihre Pobacken beim Sitzen schwer auf dem Stuhl ruhen und dass Ihr Kopf an einer Schnur, die an einem unsichtbaren Ballon hängt, hochgezogen wird. Das entlastet den Rücken.

Tipps

[1] Wenn Sie aufrecht stehen, achten Sie darauf, Ihr Becken ein wenig nach vorn zu kippen, sodass Ihr Körpergewicht ganz von beiden Beinen getragen wird und nicht am unteren Rücken »hängt«. Um das zu erreichen, müssen Sie den Po einziehen.

[2] Konzentrieren Sie sich beim Gehen darauf, kein Hohlkreuz zu machen. Ziehen Sie den Bauch ein und kippen Sie das Becken dabei etwas nach vorn. Diese Haltung können Sie wie folgt überprüfen: Stellen Sie sich mit dem Rücken an eine Wand, kippen Sie das Becken nach vorn, sodass der mittlere Rücken so vollständig wie möglich die Wand berührt.

[3] Vermeiden Sie auch beim Sitzen ein Hohlkreuz. Drücken Sie den Rücken an die Stuhllehne und versuchen Sie, eine möglichst gerade Haltung einzunehmen. Wenn Sie von Natur aus gern im Stuhl fläzen, erscheint Ihnen diese Sitzhaltung zunächst vielleicht etwas unbehaglich, aber auf Dauer wird das Sitzen deutlich weniger anstrengend.

GEHEIMNIS 3

Stärken Sie Ihre Kondition

Eine der besten Möglichkeiten, Verspannungen zu vermeiden oder sie leichter wieder loszuwerden, besteht darin, Ihre körperliche Fitness zu steigern. Es gibt viele Möglichkeiten, dieses Ziel zu erreichen. Versuchen Sie, die Methode zu finden, die am besten zu Ihnen passt. Trainieren Sie gern allein oder lieber in einer Gruppe? Wie viel Zeit können Sie pro Woche für das Fitnesstraining investieren? Und das Wichtigste: Was macht Ihnen am meisten Spaß? Wofür Sie sich auch entscheiden, Sie tun es nur für sich, Sie müssen nicht die Nummer eins werden.

Tipps zur Verbesserung Ihrer Kondition

[1] Tanzen: Tango, Rumba, Salsa, Standardtanz.

[2] Schwimmen: mit oder ohne Lehrer, allein oder in einer Gruppe.

[3] Joggen: Beginnen Sie langsam, Schritt für Schritt, von einem Laternenpfahl zum nächsten. Steigern Sie sich, bis Sie eine Runde laufen können.

[4] Yoga: meine Lieblingsmethode, weil Yoga den gesamten Organismus stärkt. Man kann mithilfe eines Buches oder Videobands auch zu Hause üben.

Hier nun eine kurze Yogastunde zur Verbesserung Ihrer Kondition: Wenn Sie dieses Programm 5-mal in der Woche durcharbeiten, können Sie schon nach einem Monat hervorragende Resultate verbuchen.

Vorbereitungen für die Yogapraxis

[1] Suchen Sie eine ruhige Umgebung auf, in der sie mindestens 15 Minuten ungestört allein sein können. Eine halbe bis eine ganze Stunde Yoga am Tag wäre ideal, aber wahrscheinlich ist es angenehmer, mit 15 oder 20 Minuten täglich zu beginnen.

[2] Weite Kleidung ist am bequemsten. Eine Decke oder eine Matte können verhindern, dass Ihnen kalt wird, wenn Sie am Boden sitzen oder liegen.

[3] Es ist gut, mit nackten Füßen zu üben. Sollten Sie bei den Entspannungsübungen frösteln, dann ziehen Sie für diesen Übungsabschnitt Socken an und decken Sie sich eventuell mit einer Decke zu.

[4] Es ist nicht notwendig, alle Übungen auszuführen, aber halten Sie sich an die vorgegebene Reihenfolge und enden Sie immer mit einer Entspannungsübung.

[5] Bauen Sie Ihr Programm langsam auf, die Übungsreihe ist kein Konditionstest. Versuchen Sie am Anfang, jede Bewegung auf jeder Seite so

lange zu halten, um 8-mal ein- und ausatmen zu können. Verlängern Sie das Halten auf jeder Seite innerhalb von 10 Tagen auf 15-mal Ein- und Ausatmen. Erzwingen Sie nichts, folgen Sie Ihrem Gefühl. Nur Sie selbst können entscheiden, ob Sie zu wenig Anspannung fühlen und eine Stellung über die angegebene Zeit hinaus noch länger halten wollen. Wenn Sie bei einer Übung nicht zählen müssen, dann achten Sie auf Ihre Haltung und Ihre Atmung.
[6] Sind die Übungen neu für Sie, dann ist es besser, die Augen geöffnet zu lassen und zu beobachten, ob Sie sie richtig ausführen. Wenn Sie schon mehr Erfahrung haben, können Sie Ihre Augen zur Förderung der Konzentration und inneren Ruhe schließen.

Der Berg

Diese Stellung trainiert Ihre geistige und körperliche Standfestigkeit. Sie lernen, so unumstößlich wie ein Berg im Leben zu stehen.

Stellen Sie sich aufrecht hin, die Füße stehen nebeneinander, und legen Sie auf Brusthöhe die Handflächen aneinander. Schließen Sie die Augen und atmen Sie 10-mal tief ein und aus. Nehmen Sie bewusst wahr, dass Ihre Füße fest auf dem Boden stehen. Stellen Sie sich vor, Sie würden über Ihre Fußsohlen hinaus atmen. Spüren Sie, wie sich Ihr Brustraum beim Einatmen vollständig anfüllt und beim Ausatmen vollkommen ent-

leert. Atmen Sie tief und nehmen Sie wahr, wie fest verankert Sie auf dem Boden stehen.

Lassen Sie zum Entspannen die Arme hängen und konzentrieren Sie sich auf Ihre normale Atmung.

Das gestreckte Dreieck

Diese Übung für Hüften und Beine kann auch bei Rückenbeschwerden helfen.

Stellen Sie sich aufrecht hin, die Arme liegen am Körper an. Grätschen Sie die Beine und drehen Sie dabei den rechten Fuß um 90° nach rechts und den linken um 45° nach rechts. Beim Ausatmen den Oberkörper nach rechts drehen und mit der rechten Hand das rechte Fußgelenk greifen, während der linke Arm gerade nach oben ausgestreckt wird. Richten Sie Ihren Blick auf den linken Daumen und strecken Sie die Finger aus.

Bleiben Sie in dieser Stellung und atmen Sie tief ein und aus (1-mal Ein- und Ausatmen ist ein vollständiger Atemzyklus). Bleiben Sie 8 bis 10 Atemzyklen lang in dieser Stellung. Richten Sie sich dann wieder auf und führen Sie die Übung mit nach links weisenden Füßen aus. Die Dreieckshaltung können Sie langsam ausbauen und bis zu 24 Atemzyklen lang in jeder Richtung halten. Stellen Sie sich nach der Ausführung zur Entspannung wieder aufrecht hin, schließen Sie die Beine, lassen Sie die Arme locker am Körper hängen.

Die gestreckte Seitenlage

Nun sind die Ober- und Unterschenkel an der Reihe und die Muskulatur um die Brust herum soll gestärkt werden. Eine günstige Nebenwirkung ist, dass diese Übung eine schlanke Taille bewirkt.

Beginnen Sie mit weit gegrätschten Beinen und nach rechts gedrehten Füßen, den rechten Fuß 90°, den linken Fuß 45°. Das linke Bein bleibt gestreckt. Beugen Sie nun das rechte Knie in einem 90°-Winkel, bis der Oberschenkel parallel zum Boden steht. Die rechte Hand wird flach auf den Boden neben den rechten Fuß gelegt. Die rechte Brustseite liegt auf dem Oberschenkel auf. Legen Sie nun den linken gestreckten Arm an das linke Ohr. Der Blick richtet sich unter dem linken Arm hindurch nach oben. Tief ein- und ausatmen. Halten Sie die Stellung für 8 bis 10 Atemzyklen. Machen Sie anschließend dieselbe Übung zur linken Seite. Halten Sie die Position immer ein bisschen länger, bis Sie sie jeweils 24 Atemzyklen lang auf jeder Seite halten können. Zum Beenden der Übung und zur Entspannung stellen Sie sich wieder mit geschlossenen Beinen und hängenden Armen aufrecht hin.

Der Schütze

Der Schütze ist eine Übung zur Verbesserung der Lungenkapazität. Wenn Sie unter Schulterproblemen, einem verspannten Nacken oder Rückenschmerzen leiden, kann diese Übung Linderung verschaffen.

Stellen Sie sich mit geschlossenen Beinen und auf Brusthöhe gefalteten Händen aufrecht hin. Nehmen Sie dann die Füße weit auseinander. Der rechte Fuß soll 90°, der linke Fuß 45° nach rechts gedreht sein. Winkeln Sie das rechte Knie ab, das linke Bein bleibt gestreckt. Drehen Sie nun Ihren Oberkörper und die Hüften nach rechts. Das Gewicht möglichst auf beide Beine verteilen. Die Arme werden so ausgerichtet, als würden sie einen gespannten Bogen halten. Mit beiden Händen eine Faust bilden. Der Blick ist auf die rechte Faust gerichtet. Halten Sie diese Stellung 10 Atemzyklen lang und wechseln Sie anschließend die Seite.

Bauen Sie die Übungszeit aus, bis Sie jeweils 24 Atemzyklen lang auf jeder Seite halten können. Zum Beenden der Übung stellen Sie sich wieder ganz aufrecht und mit geschlossenen Beinen hin. Lassen Sie die Arme hängen und entspannen Sie.

Die Kerze

Diese Übung stimuliert die Funktion der Schilddrüse. Nervosität, Schlaflosigkeit und Kopfschmerzen lassen nach. Bekannt ist zudem die heilende Wirkung des Schulterstands auf Blase, Gebärmutter und Eierstöcke. Es empfiehlt sich, diese Übung nicht während der Menstruation auszuführen, da sie den Fluss des Blutes verlangsamen oder blockieren könnte.

Legen Sie sich in Rückenlage flach auf den Boden, die Arme liegen parallel zum Körper. Bringen Sie beide Knie zur Brust; die Fußspitzen zeigen zur Decke. Heben Sie die Hüften an – nehmen Sie eventuell die Hände zu Hilfe – und unterstützen Sie dann den Rücken mit den Händen. Der Körper ist nun auf die am Boden liegenden Ellbogen gestützt. Strecken Sie langsam die Beine und versuchen Sie, den Körper so gerade wie möglich, vergleichbar einer Kerze, aufzurichten. Bringen Sie die Ellbogen so nahe zusammen, wie es geht. Bleiben Sie mindestens 10 Atemzyklen lang in dieser Position, wenn es Ihnen länger möglich ist, umso besser. Die Kerze gehört zu den Yogaübungen, die ihre Wirkung am besten entfalten, wenn sie länger gehalten werden. Steigern Sie sich kontinuierlich von Tag zu Tag, bis Sie ohne Schwierigkeiten 5 Minuten in dieser Stellung bleiben können. Rollen Sie dann Wirbel für Wirbel ab und legen Sie die Beine langsam, eines nach dem anderen, wieder auf den Boden. Entspannen Sie in Rückenlage, die Arme liegen neben dem Körper.

Die Brücke

Mit dieser Übung kräftigen Sie die Muskeln um die Hüften herum sowie die Bein- und die Bauchmuskulatur.

Sie liegen mit angewinkelten Beinen in Rückenlage auf dem Boden, die Füße nahe am Gesäß. Heben Sie die Hüften, legen Sie Ihre Hände unter

die Hüften und stützen Sie sich auf die Ellbogen. Die Füße stehen flach auf dem Boden, die Knie bleiben angewinkelt. Versuchen Sie, die Hüften so hoch wie möglich zu halten. 10 Atemzyklen lang sollten Sie in dieser Position bleiben. Entspannen Sie anschließend auf dem Rücken liegend. Verlängern Sie die Übungsdauer auf 24 Atemzyklen.

Der Fisch

Wohltuend an dieser Stellung ist, dass Sie besser in der Lage sein werden, Ihren Rücken vollständig zu entspannen.

Auf dem Rücken liegend stützen Sie sich auf Ihre Hände, die neben dem Körper liegen, und machen ein Hohlkreuz. Auch der Nacken wird in die Krümmung mit einbezogen und zwar so weit, bis Sie den Kopf am Scheitel auf den Boden legen können. Legen Sie nun Ihre Hände auf die Oberschenkel und stützen Sie sich darauf. Wenn Sie fester auf Ihre Oberschenkel drücken, können Sie den Rücken noch stärker wölben, wobei die Dehnung der Rückenmuskulatur weiter zunehmen kann. Kehren Sie langsam aus der Stellung zurück, legen Sie sich auf den Rücken und entspannen Sie.

Die Totenlage

Diese Stellung wird Totenlage genannt, weil man dabei versucht, sich vollkommen zu entspannen. Lassen Sie die ganze Anspannung in den

Muskeln, die Sie bewusst loslassen können, wegfließen. Versuchen Sie, sich von allen Gedanken zu befreien.

Legen Sie sich auf den Rücken, die Arme liegen seitlich am Körper, die Augen sind geschlossen. Achten Sie darauf, dass alle Körperteile entspannt sind. Lassen Sie nun Ihren Geist zur Ruhe kommen. Konzentrieren Sie sich auf Ihre Atmung, lassen Sie alle Gedanken durch sich hindurchgehen, halten Sie sie nicht fest. Wenn Sie merken, dass Sie über etwas nachdenken, lassen Sie die Gedanken bewusst wieder los und konzentrieren Sie sich auf Ihre Atmung. Entspannen Sie sich.

GEHEIMNIS 4

Arbeiten Sie an Ihrem Körper

Wie eine Bildhauerin ihre Skulpturen bearbeitet, um sie so perfekt wie möglich zu gestalten, so können wir mit den folgenden, einfachen Übungen unseren Körper bearbeiten und uns dabei herrlich entspannen.

Übung zur Kräftigung der Hüften und Oberschenkel

Gehen Sie in den Vierfüßlerstand. Heben Sie beim Einatmen das rechte Bein gestreckt in die Luft. Beugen Sie beim Ausatmen das Knie und bewegen Sie den Unterschenkel in Richtung Po. Beim Einatmen das Bein wieder strecken, aber nicht nach unten gleiten lassen. Beim Ausatmen den Unterschenkel wieder zum Po bewegen und so weiter. Wiederholen Sie diese Bewegung 10-mal mit dem rechten und 10-mal mit dem linken Bein. Achten Sie fortwährend auf Ihre Atmung: Einatmen: Bein hoch. Ausatmen: Knie beugen.

Übung zur Kräftigung von Oberschenkel und Po
Wieder im Vierfüßlerstand, heben Sie beim Einatmen ein Bein gestreckt an, ohne das Knie anzuwinkeln. Beim Ausatmen das Bein absenken, aber nur so weit, dass Sie den Boden nicht berühren. Beim nächsten Einatmen wird das Bein wieder angehoben und so weiter. Machen Sie das 10-mal mit dem rechten und dann 10-mal mit dem linken Bein. Kehren Sie dann in die Ausgangsposition zurück, setzen Sie sich auf die Fersen, legen Sie die Stirn auf den Boden und ihre Arme nach hinten, sodass die Handflächen nach oben zeigen, und spreizen Sie die Knie, damit der Bauch zwischen den Knien ruhen kann.

Übung zur Kräftigung der Beine
Legen Sie sich auf die Seite und stabilisieren Sie Ihre Haltung, indem Sie eine Hand vor dem Körper auf den Boden legen. Atmen Sie ein und heben Sie dabei das Bein, das oben liegt, so weit es geht an. Wenn Sie ausatmen, lassen Sie das Bein langsam wieder nach unten kommen. Wiederholen Sie die Bewegung 10-mal mit jedem Bein.

Übung zur Kräftigung der Nacken- und Bauchmuskulatur
Legen Sie sich mit angewinkelten Beinen auf den Rücken, die Füße flach auf dem Boden. Bewegen Sie, gleichzeitig mit dem Einatmen, ihren Kopf vorsichtig nach oben und nach vorn, während Ihre Schulterblätter wei-

terhin den Boden berühren sollten. Legen Sie beim Ausatmen den Kopf zurück auf den Boden. Wiederholen Sie diese Übung 10-mal und entspannen Sie sich anschließend.

Dem Muskelkater keine Chance

Es ist ausgesprochen wichtig, eine Reihe von Yogaübungen mit der folgenden Entspannungsübung abzuschließen. Die Wahrscheinlichkeit, dass Sie Muskelkater bekommen, wird dadurch sehr gering. Bei dieser Übung lernen Sie, alle Muskeln einzeln und unabhängig voneinander zu entspannen. Mir scheint es eine gute Idee zu sein, die Übung auf Kassette aufzusprechen und diese beim Üben dann abzuspielen. Denken Sie bei einer Aufnahme daran, den Text sehr langsam zu lesen, damit Sie auch genügend Zeit zum An- und Entspannen haben.

Übung zur vollständigen Entspannung

Es ist am besten, diese Übung mit geschlossenen Augen auszuführen. Legen Sie sich auf den Rücken. Decken Sie sich bei Bedarf mit einer Decke zu. Um den Körper vollkommen entspannen zu können, müssen Sie zunächst die Muskeln jedes Körperteils einzeln und nacheinander an- und dann entspannen. Das verhilft der Muskulatur zu echter Entspannung. Sie können sich dabei bewusst werden, dass Sie die Fähigkeit, jeden Körperteil für sich zu spüren und zu entspannen, erlernen können.

[1] Lenken Sie zu Beginn der Übung Ihre Aufmerksamkeit auf die Füße. Beim Einatmen spannen Sie alle Muskeln in den Füßen an. Heben Sie Ihre angespannten Füße ein kleines Stückchen vom Boden weg. Atmen Sie aus und entspannen Sie Ihre Füße dabei: die Fußsohlen sowie alle Muskeln und Sehnen in den Füßen.

[2] Konzentrieren Sie sich anschließend auf Ihre Unterschenkel und Knie: anspannen bei der Einatmung, entspannen bei der Ausatmung.

[3] Nun sind Oberschenkel und Po an der Reihe. Auf die gleiche Weise an- und entspannen.

[4] Verfahren Sie ebenso mit der Muskulatur an Bauch, Taille und Brust.

[5] Und nun zum Rücken: Beginnen Sie damit, Ihre Aufmerksamkeit auf das Steißbein zu richten, und wandern Sie dann gedanklich Ihre Muskeln an der Wirbelsäule nach oben. Wiederholen Sie das Gedankenspiel noch einmal für den gesamten Rücken. Konzentrieren Sie sich auf alle Bereiche des Rückens, in denen Sie eventuell noch Anspannungen fühlen: immer wieder an- und entspannen.

[6] Zu den Händen: Spannen Sie Ihre Hände an, die Finger, die Handflächen, die Handoberseite, und lassen Sie die Anspannung los. Spannen Sie die Unterarme, die Ellbogen, die Oberarme an und entspannen Sie sie dann.

[7] Es geht weiter bei den Schultern, dem Nacken, dem Kiefer, dem Mund, den Wangen, der Nase, den Ohren, den Augen, der Stirn und zum Schluss bei der Kopfhaut.

[8] Lassen Sie die Gedanken aus sich herausfließen und konzentrieren Sie sich auf Ihre Atmung. Nehmen Sie wahr, wie entspannt Ihr gesamter

Körper ist. Entspannen Sie Ihren Geist. Konzentrieren Sie sich auf sich selbst. Spüren Sie den Frieden in sich und entspannen Sie. Wenn Sie sich ganz entspannt fühlen, atmen Sie einige Male tief ein und aus.

[9] Sobald Sie spüren, dass Sie dabei sind, sich aus der Entspannung zu lösen, bewegen Sie erst die Muskeln in den Händen und den Füßen. Während Sie noch auf dem Rücken liegen, reiben Sie Ihre Handflächen und Fußsohlen aneinander, um die Energie wieder strömen zu lassen. Schlingen Sie Ihre Arme um Ihre Knie und rollen Sie auf dem Rücken ein paarmal hin und her. Dadurch beginnt auch im Rücken die Energie wieder zu strömen.

[10] Stehen Sie vorsichtig über den Vierfüßlerstand wieder auf. Nun sind Sie fit und energiegeladen.

GEHEIMNIS 5

Beginnen Sie jeden Tag neu

Die Sonne geht jeden Tag auf, auch im Winter, oder wenn es bewölkt ist. Am Abend zieht sie sich zurück. Das ist der natürliche Rhythmus eines Tages. Wenn wir uns auf diesen Rhythmus einstimmen, wird plötzlich alles einfacher und übersichtlicher. Jeden Tag beginnen Sie neu.

Etwas Besonderes ist es, wenn man sich aufraffen kann, einige Male vor Sonnenaufgang aufzustehen, sich mit einer Tasse Tee oder Kaffee, mit Blick nach Osten, wo die Sonne aufgeht, vor ein Fenster zu stellen. Stehen Sie einfach nur da und beobachten Sie das aufkommende Licht. Es ist eine überwältigende Mitteilung der Natur. Ein neuer Tag bricht an, er birgt neue Möglichkeiten, das Leben so zu gestalten, wie wir es verdienen!

Wenn es Ihnen schwer fällt, vor Sonnenaufgang aufzustehen, kann schon der bloße Gedanke daran, dass die Sonne jeden Tag aufs Neue aufgeht, Sie bereichern.

GEHEIMNIS 6

Der Sonnengruß

Wenn die Dinge im Leben nicht so laufen, wie man es gern hätte, kann es vorkommen, dass man sich ohnmächtig fühlt. Es ist nicht leicht, in dieser Welt optimistisch zu bleiben. Aber eine positive Grundhaltung ist für unsere körperliche und geistige Gesundheit ausgesprochen wichtig. Sie hält uns jung. Wir können uns unsere Umgebung nicht selbst nach eigenem Gutdünken konzipieren, aber wir können versuchen, unser Leben in den Griff zu bekommen. Wenn Sie regelmäßig Yoga üben, zeigt sich Ihnen die Welt trotz allem in einem rosafarbenen Schimmer.

Der Sonnengruß besteht aus einer Folge von Übungen, die uns täglich Kraft spenden. Er ist eine der bekanntesten Yogaübungen überhaupt. Die Ausführung ist relativ schwierig, da mehrere Stellungen nacheinander eingenommen werden und man seine volle Aufmerksamkeit benötigt. Zu Beginn des Sonnengrußes denke ich mir immer: Wenn die Sonne draußen nicht scheint, muss ich eben meine innere Sonne aufsuchen. Sie begrüßen mit dieser Übung sozusagen Ihre innere Sonne.

[1] Stellen Sie sich gerade und mit geschlossenen Beinen hin. Legen Sie auf Brusthöhe die Handflächen aneinander. Versuchen Sie, die Übungen in Harmonie mit der Atmung auszuführen.

[2] Während Sie einatmen, führen Sie die Arme gerade über den Kopf, die Handflächen bleiben aneinander und alle Finger außer den Zeigefingern werden verschränkt. Beugen Sie sich aus dem unteren Rücken heraus nach hinten. Legen Sie auch den Kopf in Verlängerung des Nackens nach hinten.

[3] Ausatmen und weit nach vorn beugen, die Hände zu den Füßen führen.

[4] Legen Sie – bei gebeugten Knien – die Handflächen flach auf den Boden. Gehen Sie mit dem gestreckten linken Bein weit nach hinten, das rechte Bein bleibt gebeugt stehen.

[5] Führen Sie in dieser Haltung Ihre Arme gestreckt nach oben über den Kopf. Legen Sie die Handflächen aneinander, verschränken Sie die Finger mit Ausnahme der Zeigefinger.

[6] Bringen Sie dann die Handflächen wieder zurück auf den Boden. Einatmen und auch das rechte Bein nach hinten stellen. Drücken Sie

sich bei gestreckten Beinen aus den Hüften heraus selbst nach oben. Versuchen Sie, die Fersen auf dem Boden zu halten. Atmen Sie tief ein und aus.

[7] Beim nächsten Einatmen die Knie, gefolgt von Brust und Stirn, auf den Boden legen. Der Körper ist jetzt auf die Fußballen gestützt.

[8] Einatmen und die Hüfte zum Boden kommen lassen. Während Sie auf Ihre Hände gestützt sind, machen Sie einen langen Hals. Strecken Sie die Schultern, den Nacken und den Rücken so gut Sie können. Atmen Sie in langen und tiefen Zügen ein und aus.

[9] Beim Einatmen drücken Sie Ihren Po hoch. Die Beine bleiben gestreckt, Sie konzentrieren sich auf die Atmung.

[10] Machen Sie nun mit dem linken, gebeugten Bein einen großen Schritt nach vorn.

[11] Führen Sie die Arme mit den aneinander gelegten Handflächen nach oben. Atmen Sie ein und strecken Sie sich. Beim Einatmen die Handflächen wieder auf den Boden legen und mit dem rechten Bein auch nach vorn kommen.

[12] Nehmen Sie wieder die Ausgangsposition ein.

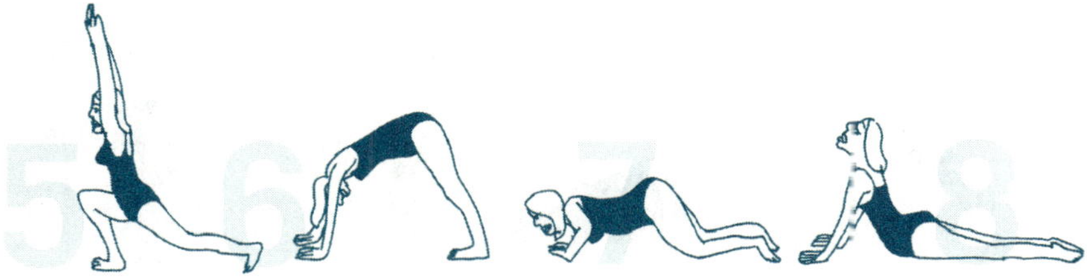

Wiederholen Sie die Übung nun auf der anderen Seite.

Nicht vergessen: Führen Sie alle Bewegungen in Harmonie mit der Atmung aus. Sie können an Ihrer Kondition arbeiten, bis Sie den Sonnengruß insgesamt 8-mal ausführen können, aber überstürzen Sie nichts, beginnen Sie langsam, denn diese Übung ist für Anfänger sehr schwierig.

Legen Sie sich zur Entspannung auf den Rücken.

GEHEIMNIS 7

Entspannung im Büro

Probleme am Arbeitsplatz lassen sich nicht immer ohne weiteres lösen, aber Sie können auf Ihre eigene Haltung Einfluss nehmen und so Spannungen entgegenwirken. Wichtig ist, dass Sie es verstehen, auch in schwierigen Situationen Ihre innere Ruhe zu bewahren. Und bedenken Sie: Schwierige Menschen sind in erster Linie schwierig für sich selbst und haben häufig mit anderen Menschen Probleme. Falls Sie den ganzen Tag im Büro verbringen, ist dies eine herrliche Übung für kurze Pausen zwischendurch.

Übung auf dem Stuhl

Setzen Sie sich aufrecht auf Ihren Bürostuhl. Strecken Sie die Arme in die Luft und atmen Sie ein. Entspannen Sie die Arme und atmen Sie aus. Greifen Sie mit der rechten Hand die linke Seite der Stuhllehne, holen Sie dabei so weit es geht nach hinten aus. Greifen Sie nun mit der linken Hand die Sitzfläche in der Nähe des rechten Knies. Drehen Sie Ihren

Kopf und den oberen Rücken aus dem Rumpf heraus so weit es geht nach rechts, wobei Sie mit beiden Sitzbeinhöckern auf dem Stuhl bleiben. Atmen Sie einige Male tief ein und aus. Entspannen Sie, bevor Sie die Seite wechseln.

Übung am Schreibtisch

Ihr Rücken zeigt Ihnen, ob Sie mit den Spannungen in Ihrem Leben gut umgehen oder nicht. Versuchen Sie, ihn so oft wie möglich zu entlasten: Tragen Sie Schweres nie allein. Wenn Sie einen schwachen Rücken haben, heben Sie am besten gar nichts. Ihr Rücken ist ein hoch geschätzter Freund! Äußert er Klagen, sollten Sie ihm zuhören und für Abhilfe sorgen!

Nehmen Sie eine aufrechte Sitzposition ein und legen Sie Ihre Hände auf die Oberschenkel. Atmen Sie ein und machen Sie einen hohlen Rücken. Halten Sie den Nacken in Verlängerung der Wirbelsäule, atmen Sie dann aus und machen Sie einen krummen Rücken. Wiederholen Sie diese Übung 8-mal. Biegen Sie beim Einatmen den Rücken zum Hohlkreuz und öffnen Sie den Brustkorb, beim Ausatmen formen Sie einen Katzenbuckel. Entspannen Sie sich anschließend.

GEHEIMNIS 8

Entspannen Sie Ihre Augen

Mit wenigen einfachen Übungen können wir nicht nur unsere Augen entspannen, sondern auch unsere Sehkraft verbessern.

[1] Setzen Sie sich entspannt hin. Reiben Sie zur Aktivierung der heilenden Energie in den Händen Ihre Handflächen mehrfach aneinander. Legen Sie Ihre linke Handfläche auf Ihr linkes Auge und die rechte Handfläche auf Ihr rechtes Auge. Zugleich denken Sie: Ich bin für meine Augen dankbar. Um Ihren Augen neue Kraft und Energie zu verleihen, sollten Sie sich täglich 5 Minuten dafür Zeit nehmen.

[2] In der Sitzhaltung halten Sie Ihr Kinn gut fest. Sehen Sie nun mit beiden Augen gerade nach oben und dann langsam nach rechts. Schauen Sie so weit es geht nach rechts, ohne den Kopf zu bewegen. Anschließend blicken beide Augen nach unten und – wieder ohne Bewegung des Kopfes – nach links, bis Sie wieder in der Anfangsposition sind. Sie können es sich auch so vorstellen: einmal im Uhrzeigersinn ein Ziffern-

blatt abwandern. Üben Sie 5-mal nach links und 5-mal nach rechts. Entspannen Sie sich.

[3] Wenn Sie vor dem Computer sitzen, richten Sie Ihre Augen auf einen Punkt in der Ferne und wieder zurück zum Bildschirm. Wiederholen Sie das 5-mal und entspannen Sie sich dann.

GEHEIMNIS 9

Sofort-Entspannung

Nehmen Sie Kontakt mit Ihrem Körper auf. Versuchen Sie, sich vorzustellen, Sie hätten in Ihrem Körperinneren Augen, und diese Augen würden alles abtasten und könnten alles sehen. Schicken Sie das innere Auge auf eine Reise durch Ihren Körper. Empfinden Sie helle und dunkle Stellen? Weiche oder harte? Angespannte oder entspannte?

Nehmen Sie die angespannten Abschnitte wahr und denken Sie: Entspanne! Entspannen Sie daraufhin sofort diesen Bereich. Anstatt die Spannung zu verdrängen, sollten wir uns angewöhnen, die Anspannung in unserem Körper zu erkennen und anzunehmen. Auch wenn Sie irgendwo in Ihrem Körper Schmerzen fühlen, wenden Sie sich dem Schmerz zu. Ihre Hinwendung und Ihre Liebe können, wenn Sie auf eine solche Stelle gelenkt werden, viel Gutes bewirken. Das gilt auch, wenn Sie sich beispielsweise gestoßen haben: Legen Sie sogleich mit Liebe und Aufmerksamkeit Ihre Hand auf die betroffene Stelle. Die Wahrscheinlichkeit, dass die Verletzung schneller heilt, ist groß.

Lassen Sie die Anspannung in Ihrem Körper los

Schließen Sie die Augen und nehmen Sie Ihren Körper bewusst wahr. Lenken Sie Ihre Aufmerksamkeit nach innen und spüren Sie die Bereiche auf, wo es Verspannungen gibt. Atmen Sie ein und nehmen Sie die Anspannung wahr. Atmen Sie durch den Mund aus und lassen Sie die Anspannung wegfließen. Wiederholen Sie dies an allen Stellen in Ihrem Körper, wo Sie Verspannungen ausfindig machen: Atmen Sie ein und machen Sie sich die Spannung bewusst, atmen Sie über den Mund aus und lassen Sie die Spannung entweichen.

GEHEIMNIS 10

Ihr Körper kennt die Antwort

Ein Teil meiner Arbeit besteht aus Telefonieren, manchmal stundenlang. Eines Tages bemerkte ich ein Sausen in meinen Ohren, das immer stärker wurde. Ich lebte mein Leben weiter, obwohl es sogar während der Meditationsstunden, die ich leitete, nicht aufhörte. Besonders schlimm war, dass es mich auch nachts quälte. Manchmal wachte ich auf und mir war, als liefe ein Motor in meinem Kopf. Ich fing nun doch an, mir Sorgen zu machen und beschloss, meine Ohren im Krankenhaus von einem Spezialisten untersuchen zu lassen. Nach zahlreichen Tests meinte der Ohrenarzt, ein Ohr zeige leichte Abnutzungserscheinungen, und fragte mich, ob ich vielleicht zu laute Musik hörte. Ich sagte, dass dies nicht der Fall sei, erinnerte mich aber daran, mit 15 Jahren an einem großen Lautsprecher die Rolling Stones angehört zu haben. Es gab keine Lösung für mein Problem. Einmal, als ich mit einer Freundin telefonierte, bemerkte ich, wie sich das Sausen in meinem Kopf verschlimmerte. Sie redet ziemlich laut und plötzlich wurde mir klar, dass die Ursache für das Ohrensausen das viele Telefonieren sein müsse.

Ich meldete mich bei einem Callcenter an, das seitdem Telefonanrufe für mich entgegennimmt und alle Mitteilungen bereithält, bis ich sie abrufe. Eine fantastische Erfindung. Ich kann meine Kundinnen und Kunden, Freundinnen und Freunde in von mir dosiertem Umfang zurückrufen. Die Stille, die ohne das ständige Klingeln des Telefons entstand, war die reinste Wohltat für meine Ohren. Die Tatsache, dass ich keine Kundinnen und Kunden verlieren musste, war zudem sehr beruhigend. Das Sausen in meinen Ohren und meinem Kopf gehört glücklicherweise der Vergangenheit an.

Tipps

[1] Wenn Sie irgendwelche Beschwerden haben, befragen Sie Ihren Körper, wie Sie mit dem Problem fertig werden können. Hören Sie auf ihn, er wird Ihnen immer die Wahrheit sagen.

[2] Arbeiten Sie mit einem Callcenter. Schonen Sie Ihre Ohren und bewahren Sie Ihre innere Ruhe. Oder schalten Sie Ihren Anrufbeantworter ein und stellen den Ton ab.

GEHEIMNIS 11

Massage zur Entspannung des Rückens

Eine Massage ist eine sehr schöne Form des zwischenmenschlichen Kontakts. Durch Massage werden Haut und Muskulatur geschmeidig und der Blutkreislauf wird stimuliert. Dazu kommt, dass eine Massage eine gute Gelegenheit ist, sich einander zuzuwenden, und außerdem Raum zum Experimentieren entstehen lässt. Das Folgende ist nur als Leitfaden zu verstehen.

Beide Beteiligten sollen sich in der Situation wohl fühlen. Die Person, die massiert wird, sollte sich mit entblößtem Oberkörper in Bauchlage auf eine weiche Unterlage legen. Wenn es kühl ist, legen Sie eine Decke auf den Unterkörper. Die Arme sollten mit den Handflächen nach oben locker neben dem Körper liegen. Setzen Sie sich beim Massieren immer neben die Person, die Sie massieren. Sie sollten darauf achten, dass bei der Massage kein Druck auf die unteren Rückenwirbel ausgeübt wird. Ganz allgemein wird beim Massieren nicht auf die Wirbel gedrückt, sondern in die Vertiefungen (Muskelband) neben den Wirbeln, also rechts und links der Wirbelsäule. Reiben Sie Ihre Handflächen kräftig aneinander, bevor Sie mit der Massage beginnen, um das Blut zum Strömen zu bringen und die Hände zu erwärmen. Wenn Sie möchten, können Sie Massageöl in die Hände reiben und auf den Rücken auftragen. Es gibt spezielle Kräutermassageöle mit entspannender Wirkung in Reformhäusern zu kaufen. Fangen Sie damit an, den gesamten Rücken zu erforschen. Sie können versuchen, die verspannten Regionen zu entdecken und die Anspannung durch leichtes Reiben so weit wie möglich herauszunehmen. Sprechen Sie miteinander: Fragen Sie nach den lokalen Schmerzpunkten und bedenken Sie diese mit besonderer Aufmerksamkeit.

[1] Legen Sie eine Hand auf das Kreuzbein. Streichen Sie mit der anderen Hand, angefangen bei der Stirn, über den Kopf, am Rücken entlang bis zum Kreuzbein. Wiederholen Sie das 3-mal. Legen Sie Ihre Hände in den Nacken und streichen Sie über die Schultern und die Arme bis zu den Händen. Ebenfalls 3-mal wiederholen.
[2] Legen Sie Ihre Hände auf den oberen Rücken neben die Wirbelsäule und machen Sie eine A-förmige Bewegung bis zu den Körperseiten unter den Armen. Bei jeder Wiederholung ziehen Sie die Bewegung mehr in die Länge, bis Sie die Lenden erreicht haben. Machen Sie das 3-mal. Schütteln Sie Ihre Hände aus, so als wollten Sie nasse Hände trocken schütteln.
[3] Bitten Sie Ihre Partnerin oder Ihren Partner, die Hände unter die Stirn zu legen. Massieren Sie zwischen Ihrem Daumen und Zeigefinger den

Muskel, der vom Nacken aus rechts und links zu den Schultern verläuft. Massieren Sie, beim Nacken beginnend, zu beiden Schultern hin (3-mal). Daraufhin können Sie an den Rückenwirbeln entlang mit klopfenden Bewegungen der Handkanten von oben nach unten massieren. Erst mit jeder Hand einzeln und nacheinander in schnellen, rhythmischen Bewegungen, dann mit beiden Händen gleichzeitig.

[4] Bitten Sie nun den Partner, die Partnerin, die Hände wieder neben den Körper zu legen. Beugen Sie einen Arm und legen Sie den Unterarm auf den Rücken (Handfläche zeigt nach oben). Legen Sie Ihre Hand darauf und heben Sie mit der anderen Hand das Schultergelenk hoch. Bewegen Sie die Schulter langsam kreisend in beide Richtungen, nach vorn und nach hinten. Halten Sie das Schultergelenk noch länger und massieren Sie mit der anderen Hand mit sägenden Bewegungen die Falte zwischen Schulterblatt und Rücken. Auf der anderen Seite wiederholen.

[5] Legen Sie eine Hand an die Körperseite und streichen Sie mit der anderen Hand darauf zu. Die Haut darf etwas zusammengedrückt werden. Auf der anderen Seite wiederholen. Anschließend mit beiden Händen von der Seite beginnend zur Wirbelsäule hin streichen.

[6] Legen Sie eine Hand am unteren Rücken auf die Lende und eine Hand auf das Schulterblatt und drücken Sie Ihre Hände in entgegengesetzte Richtung auseinander.

[7] Legen Sie beide Hände auf den oberen Rücken und drücken Sie mit den Daumenkuppen im Rhythmus der Atmung jeweils seitlich eines Wirbels und arbeiten Sie sich Stück für Stück an der Wirbelsäule entlang

zum unteren Rücken. Wenn Ihr Partner bzw. Ihre Partnerin einatmet, sollten Sie die Daumen versetzen, und wenn er/sie ausatmet in den Bereich drücken, der seitlich neben dem Wirbel liegt. Drücken Sie nicht zu fest, es soll immer ein angenehmes Gefühl entstehen.

[8] Massieren Sie mit rhythmischen Klopfbewegungen der Handkanten den gesamten Rücken zuerst in Längsrichtung von oben nach unten, dann die Schulterblätter und zuletzt rechts und links der Wirbelsäule, aber lassen Sie den weichen Teil des unteren Rückens, wo sich die Nieren befinden, aus.

[9] Nehmen Sie kleine Stückchen Haut zwischen Daumen und Finger. Beginnen Sie am unteren Rücken und setzen Sie die zupfende Bewegung fort bis zum Nacken.

[10] Zum Schluss können Sie Ihre Hände sanft vom Nacken über die Schultern an der Wirbelsäule entlang bis in den unteren Rücken ausstreichen (3-mal). Schütteln Sie dann abschließend Ihre Hände aus, um Spannungen, die Sie eventuell in den Händen aufgenommen haben, loszuwerden. Lassen Sie Ihre Partnerin bzw. Ihren Partner noch ein wenig ruhen.

Dieselben Techniken, mit denen Sie den Rücken bearbeitet haben, können Sie auch an Armen, Beinen oder dem Gesäß einsetzen. Vertrauen Sie auf Ihr Gefühl, um herauszufinden, was besonders angenehm ist. Vielleicht können Sie selbst neue Techniken erfinden.

GEHEIMNIS

12

Der Rückenstrecker

Viele Rückenbeschwerden lassen sich schon durch eine korrigierte Haltung und eine entspannte Rückenmuskulatur lindern. Auf einfache Art können Sie dies erreichen, wenn Sie sich vorzustellen, ein Luftballon würde an Ihrem Kopf ziehen und Nacken und Rücken in Richtung Himmel verlängern, während Steißbein und Pobacken bleischwer werden und fest auf der Erde oder dem Stuhl bleiben.

Sie können auch einen Rückenstrecker (*backstretcher*, Info s. Anhang) verwenden. Der *backstretcher* wurde von dem englischen Bewegungsphysiologen Niels Summers, der selbst jahrelang unter Rückenbeschwerden litt, entwickelt. Verwenden Sie den Rückenstrecker anfangs mehrmals täglich jeweils 5 Minuten. Langsam die Zeit auf 15 bis 20 Minuten steigern. Wer diesen Punkt erreicht hat, dem genügen in der Regel täglich einmal 20 Minuten.

Setzen Sie sich zu Beginn der Übung auf den Boden, sodass der Abstand zum *backstretcher* ungefähr so viel beträgt, dass in Rückenlage der

obere Rücken auf den geraden Teil des Rückenstreckers trifft. Kommen Sie nun langsam und fließend, ohne ruckartige Bewegung zum Liegen. Die Wirbelsäule sollte in der Aussparung in Längsrichtung des *back-stretcher* zum Liegen kommen. Ziehen Sie die Beine an. Lassen Sie den Kopf langsam nach hinten fallen und versuchen Sie, Ihren Körper so gut wie möglich zu entspannen. Legen Sie, wenn Sie es komfortabler möchten, ein Kissen unter den Kopf und eventuell ein Handtuch auf den Rückenstrecker. Wenn Sie sich nach mehreren Malen an diese Position gewöhnt haben, schieben Sie Ihren Körper ein Stückchen höher, sodass die Dehnung im Rücken vergrößert wird. Intensivieren Sie die Dehnung nun Schritt für Schritt, indem Sie sich immer dann, wenn Sie sich an eine Position gewöhnt haben, etwas höher legen, und zwar so lange, bis der Rücken vollständig auf dem *backstretcher* liegt und der Kopf mit dem Kissen auf dem Boden ruht.

Verwenden Sie den *backstretcher* nicht während der Schwangerschaft. Fragen Sie im Zweifel Ihren Hausarzt um Rat.

GEHEIMNIS

13

Kopfmassage

Eine Kopfmassage kann dabei helfen, verschiedene Arten von Spannungsgefühlen im Kopf zu beseitigen. Es ist herrlich, eine Kopfmassage zu bekommen, genauso schön ist es, eine solche zu geben.

[1] Bitten Sie die Partnerin oder den Partner, sich auf den Rücken zu legen, die Arme sollen neben dem Körper liegen und die Handflächen nach oben zeigen. Die Beine liegen nebeneinander und werden nicht übereinander geschlagen. Bedecken Sie den Bereich des Körpers, den Sie nicht massieren, mit einer Decke. Die Kontaktlinsen sollten herausgenommen werden, die Augen sind geschlossen. Ihr Partner, Ihre Partnerin kann nun zur Entspannung einige Male tief durchatmen. Setzen Sie sich ans Kopfende, während sich die andere Person entspannt.

[2] Reiben Sie die Handflächen aneinander und setzen Sie die darin enthaltene Energie frei. Legen Sie Ihre Handflächen und Finger seitlich auf die Stirn und die Daumenkuppen auf die Fontanelle. Verharren Sie für einen Moment konzentriert in dieser Position.

[3] Massieren Sie die Stirn mit den Daumen. Bewegen Sie mit sanftem Druck die Daumen von der Mitte aus zu den Seitenpartien, so als würden Sie eine Briefmarke aufkleben. Rutschen Sie nun immer eine Daumenbreite tiefer, bis zu den Augenbrauen.

[4] Legen Sie die Daumen auf die Stelle zwischen Augapfel und Augenbrauen und bewegen Sie sie dann langsam über die Augäpfel und streichen Sie über die Augenlider.

[5] Setzen Sie die Fingerkuppen an der Nase entlang auf und streichen Sie mit leichtem Druck knapp unter den Backenknochen über die Wange zu den Ohren.

[6] Berühren Sie mit Mittel- und Zeigefinger die Haut zwischen Nase und Oberlippe und massieren Sie die Schläfen.

[7] Massieren Sie das Kinn zwischen Daumen und Zeigefinger und arbeiten Sie sich dann langsam an den Kiefern entlang kopfaufwärts bis zu den Schläfen vor.

[8] Bewegen Sie die flache Hand anfangs sanft, dann etwas fester seitlich über die Ohren. Das hat auf den ganzen Körper eine entspannende Wirkung. Folgen Sie mit den Zeigefingerspitzen den Höhlen der Ohrmuscheln bis zur Mitte, dem Gehörgang. Halten Sie kurz inne und verschließen Sie die Ohren für die Dauer von ungefähr 1 bis 2 Minuten.

[9] Legen Sie die Hände hinter den Ohren an, die Daumen auf den Schläfen, und drücken Sie Ihre beiden Hände fest zueinander. Langsam den Druck geringer werden lassen.

[10] Legen Sie die Hände unter den Nacken und massieren Sie die Nackenwirbel.

[11] Drehen Sie den Kopf behutsam nach links und nach rechts. Massieren Sie den Nacken und die Schultern. Massieren Sie anschließend die Vertiefungen neben den Nackenwirbeln. Bringen Sie dazu den Mittel- und Zeigefinger einer Hand in die Hohlräume zwischen Kopf und Nacken, an beiden Seiten ca. 2,5 cm über den Wirbeln. Der Daumen der anderen Hand liegt auf der Fontanelle und die Finger liegen gespreizt auf der Stirn. Konzentrieren Sie sich und halten Sie diese Position bei, bis Sie ein Prickeln in den Fingern spüren. Legen Sie den Kopf vorsichtig ab und lassen Sie die Partnerin bzw. den Partner noch eine Weile ruhen.

GEHEIMNIS 14

Massieren Sie sich selbst

Es ist natürlich wunderbar, wenn Sie sich massieren lassen können. Außerdem ist eine Massage pro Monat eine sehr gute Investition in die eigene Person. Zwischendurch können Sie sich jedoch auch selbst regelmäßig massieren. Hier ein Vorschlag für eine schnelle Massage, die Sie sowohl im Büro als auch beim Baden oder unter der Dusche anwenden können.

Beginnen Sie mit der rechten Hand und kneifen Sie vom Haaransatz an in die Muskeln am Nacken entlang bis zur linken Schulter und kehren Sie zurück. Gehen Sie mehrmals hin und her. Nehmen Sie dann die andere Seite und kneifen Sie mit der linken Hand in den Muskel an der rechten Seite des Nackens vom Haaransatz bis zur Schulter. Massieren Sie auch hier einige Male hin und zurück.

GEHEIMNIS 15

Vitalitäts-Klopfmassage

Am Morgen können Sie – im Bett oder unter der Dusche – bei sich selbst eine stimulierende Klopfmassage anwenden, um den Körper so richtig in Schwung zu bringen.

Machen Sie mit jeder Hand eine Faust. Klopfen Sie mit Ihren Fäusten nun sanft auf den Kopf. Beginnen Sie über der Stirn und klopfen Sie langsam in Richtung Hinterkopf. Anschließend klopfen Sie mit der rechten Faust an der linken Kopfseite entlang (die Schläfen übergehen) bis zur Schulter. Klopfen Sie dann mit der Faust über den linken Arm. Fangen Sie am Oberarm an, arbeiten Sie sich langsam nach unten und kehren Sie über den Unterarm wieder zurück. Klopfen Sie sich mit der Faust auf die Brust und hinter die linke Schulter. Wechseln Sie dann die Seite und wiederholen Sie mit der linken Faust den Vorgang. Sie klopfen von der Schädeldecke bis zur rechten Schulter, dann weiter über den rechten Arm, von oben nach unten, und mit leichten Klopfbewegungen zurück, dann zur Brust und zum hinteren, rechten Schulterblatt.

GEHEIMNIS 16

Ein Fußbad ist eine Wohltat für den ganzen Körper

In den Füßen spiegelt sich unser ganzer Körper wider. Alle wichtigen Organe sind dort vertreten. Einmal bekam ich einen Gutschein für ein Fußbad zum Geburtstag geschenkt. Obwohl wir seit Jahren befreundet sind und uns regelmäßig sehen, fand ich das Geschenk meiner Freundin im ersten Moment ziemlich intim. Zum vereinbarten Termin ging ich zu ihr, um mir das Fußbad geben zu lassen. Meine Freundin hatte eine kleine Wanne mit warmem Wasser, feinen Kräutern und duftenden Ölen vorbereitet. Sie nahm sich ausführlich Zeit, und ich bekam erst einmal eine Tasse Tee, um mir den Einstieg zu erleichtern. Dann wurde ein Fuß ausführlich verwöhnt, gewaschen und getrocknet. Anschließend bekam er eine vorgewärmte Socke übergezogen und der zweite Fuß war an der Reihe. Ich habe im Lauf der Jahre viele hübsche Geburtstagsgeschenke bekommen, aber dieses war ganz gewiss eines der originellsten. Die Tatsache, dass ich mich völlig entspannt diesem Ritual unterwerfen musste, hat unserer Freundschaft einen positiven Impuls gegeben. Ich habe später einmal meiner Mutter ein Fußbad geschenkt. Das war eine besondere Erfahrung, denn meine Mutter und ich hatten sonst nie besonders viel körperlichen Kontakt miteinander.

Tipps

[1] Verabreden Sie sich mit einer Freundin oder einem Freund zu einem gegenseitigen Fußbad.

[2] Es gibt spezielle Fußbadewannen mit Massageapparat zu kaufen. Damit kann man sich selbst ein herrliches Fußbad bereiten. Natürlich geht es auch mit einer einfachen, kleinen Wanne und guten Ölen.

GEHEIMNIS 17

Fußmassage

Eine Fußmassage kann ausgesprochen entspannend wirken. Stellen Sie sicher, dass Ihre Partnerin oder Ihr Partner bequem sitzt, beispielsweise an eine Wand gelehnt und mit einem Kissen unterstützt. Legen Sie den Fuß des ausgestreckten Beins auf Ihr Knie oder auf ein Kissen. Sie sitzen selbst am besten im Schneidersitz der Partnerin oder dem Partner gegenüber und reiben die Fußsohle.

[1] Machen Sie mit der rechten Hand eine Faust, stützen Sie den Fuß mit der linken Hand und massieren Sie die Fußsohle mit den Knöcheln der Faust. Drücken Sie ruhig fest und bewegen Sie Ihre Knöchel kreisförmig. Die Kreisbewegungen machen Sie über die ganze Fußsohle, von den Zehen bis zur Ferse.

[2] Nehmen Sie die große Zehe und drehen Sie diese 5-mal rechts und 5-mal links herum. Massieren Sie auch das Zehengelenk von allen Seiten. Behandeln Sie die übrigen Zehen genauso.

[3] Drücken Sie die kleine Zehe nach vorn und dann nach hinten und ziehen Sie sie in die Höhe. Mit den anderen Zehen verfahren Sie ebenso.

[4] Massieren Sie mit beiden Daumenkuppen die Fußsohle; gehen Sie langsam vor. Lassen Sie die Daumen kreisen und übergehen Sie keine noch so kleine Stelle.

[5] Nehmen Sie die Ferse in ihre geöffnete Hand und drücken Sie mit den Fingern in den Randbereich zwischen Knöchel und Fuß. Das wirkt entspannend und stimulierend auf die Geschlechtsorgane.

[6] Massieren Sie den Fußrücken an den langen Sehnen, die bis zu den Zehen verlaufen, entlang. Setzen Sie am Rist an und arbeiten Sie sich, in die Zwischenräume drückend, langsam zu den Zehen vor.

[7] Kneten Sie die Fußkanten, indem Sie sie beidseitig mit den Händen umfassen. Klopfen Sie rhythmisch mit dem Handrücken auf die Fußsohle und die Zehen. Kommen Sie dann zu einer rhythmischen Klopfmassage, die Sie mit den Handkanten ausführen und ungefähr 90 Sekunden beibehalten. Das erzeugt im gesamten Körper ein erquickendes Gefühl. Massieren Sie den zweiten Fuß genauso.

[8] Sie können auch Ihre eigenen Füße massieren, mit oder ohne Massageöl.

Tipp

Ein Fußroller aus Holz unter dem Schreibtisch oder beim Fernsehen ist eine großartige Hilfe. Er massiert Ihre Fußsohlen den ganzen Tag oder wann immer Sie wollen.

GEHEIMNIS 18

Baden

Baden zählt zu den ältesten Entspannungsritualen. Durch die Jahrhunderte hindurch haben Menschen in Quellen oder Flüssen zur Reinigung von Körper und Geist gebadet. Die Taufe Jesu durch Johannes den Täufer ist auf unzähligen Kunstwerken dargestellt. Jährlich baden Tausende von Menschen im indischen Ganges, um sich von ihrem alten Karma zu befreien.

Tipps

[1] Am besten Sie verwenden im Badewasser keine Seifen. Für Frauen besonders zu beachten, zur Vorbeugung gegen Vaginalinfektionen.

[2] Sie könnten selbst ein Badeöl auf der Basis von Olivenöl mit einem Duftöl oder einem Parfum, das Sie gern mögen, herstellen. Duftöle riechen köstlich und können heilend und entspannend wirken.

[3] Besorgen Sie sich Spielsachen für die Badewanne. Ich habe selbst drei Plastikenten, die ich ab und zu mit in die Badewanne nehme.

GEHEIMNIS 19

Hydrotherapie

Bei der Hydrotherapie entspannen Sie sich mithilfe von Wasser. Es gibt Bäder mit Düsen für Unterwassermassagen, die sowoh harte als auch weiche Wasserstrahlen erzeugen. Diese Wasserstrahlen wirken entkrampfend, wenn sie gezielt auf die Körperzonen gelenkt werden, an denen Sie Verspannungen spüren. Auch ein guter Duschkopf an einem flexiblen Duschschlauch, der an eine Wasserleitung mit hohem Wasserdruck angeschlossen ist, lässt sich zum Hydromassagegerät umfunktionieren.

Eine Sauna ist vor allem im Herbst und Winter ein guter Ort, um sich zu erholen. Einen Tag oder Abend in einem türkischen Badehaus zu verbringen, kann auch ein wunderbares Erlebnis sein. Für Frauen und Männer gibt es dort getrennte Besuchstage. Ich war einmal mit einer Freundin in einem solchen *Hamam* in Paris, neben der Mosquée de Paris, nahe der Place Monge; dort glaubt man sich in Tausendundeiner Nacht. Dieses Badehaus besteht aus dre oder vier prächtigen Sälen mit Bögen, manche von ihnen haben Springbrunnen, aus denen warmes Wasser fließt; es gibt Dampfbäder, und wer will, lässt sich von marokkanischen Frauen bürsten und schrubben. In einem separaten Entspannungsraum kann man sich ausruhen. Dünne Matratzen liegen nebeneinander auf dem Boden, es wird Pfefferminztee gereicht und im Hintergrund spielen und lachen Frauen und Kinder miteinander. Eine absolute Wohltat für die Sinne.

Eine neue Art der Wassertherapie ist das Sich-treiben-lassen in einem Wassertank. Es handelt sich dabei um große eiförmige Tanks aus Stahl, die mit stark salzhaltigem Wasser gefüllt sind, sodass der Körper auf der Wasseroberfläche treibt. Wenn man einmal nackt in einem solchen Tank liegt und die Tür geschlossen wird, fühlt man sich wie in einer Gebärmutter, umgeben von Dunkelheit und Flüssigkeit. Man kann stundenlang im Wasser schaukeln und fühlt sich nachher wie neugeboren.

GEHEIMNIS 20

Mit dem Strom treiben

Auf einer Toskana-Reise lernte ich eine Schweizer Psychologin kennen, deren Arbeit mich schon seit langer Zeit interessierte. Ich erfuhr von ihr, dass sie vor einigen Jahren in Zusammenarbeit mit einem deutschen Therapeuten eine besondere Entspannungstherapie entwickelt hatte, die sie einmal im Jahr mit ihren Patienten an einer Quelle in der Toskana anwendeten. Wir verabredeten uns noch im selben Sommer an einem Abend bei Vollmond an dieser Quelle. Ich hatte nicht die geringste Ahnung, was mich erwartete, und fand das sehr aufregend. Bei der Quelle handelte es sich um eine natürliche Schwefelquelle, deren Wassertemperatur 34°C betrug. Hohes Schilfgras säumte das Wasser. Als ich mich auf dem Rücken liegend dahintreiben ließ, kamen überall aus dem Schilfgras Glühwürmchen zum Vorschein. Niemand sprach ein Wort. Dieser magische Ausflug, der ungefähr eine Stunde lang dauerte, wirkte wie eine Ewigkeit. Ich wähnte mich im alten Ägypten, vor Tausenden von Jahren. Das war eine wirkliche Initiation durch Wasser.

GEHEIMNIS 21

In Harmonie nebeneinander leben

Unser Lebensraum wird ständig kleiner, weil es immer mehr Menschen auf der Erde gibt. Das Leben in einer Familiensituation oder in einem hektischen Büro ist eine gute Übung, die eigenen Grenzen kennen zu lernen und sie anderen zu vermitteln. Während ich an diesem Buch schrieb, erkrankte mein 16-jähriger Sohn. Ich liebe ihn sehr und möchte auch gern eine gute Mutter sein, aber gleichzeitig hatte ich den Abgabetermin für dieses Buch im Kopf. Da mein Sohn wegen der Grippe ein paar Tage zu Hause blieb, wurde ich täglich mit der Tatsache konfrontiert, dass ich schreiben und er fernsehen wollte. Mein Arbeitszimmer grenzt direkt an das Wohnzimmer, in dem der Fernseher steht. Er hatte eine geniale Lösung: Kopfhörer!

Ich zog den Vorhang an der Glastür in meinem Arbeitszimmer zu und wir waren beide zufrieden: Ich konnte schreiben und er mit den Kopfhörern fernsehen.

Tipp

Wenn Sie sich durch Lärm im Büro oder zu Hause gestört fühlen, besorgen Sie sich Ohrstöpsel und schließen Sie Kopfhörer an den CD-Player oder den Fernseher an (auch praktisch, wenn andere das tun).

GEHEIMNIS 22

Biegsam wie Bambus

Sehr viel Anspannung entsteht durch die Weigerung, uns dem Strom des Lebens hinzugeben. Wir wollen ewig jung bleiben und möchten nicht wahrhaben, dass, selbst wenn wir unseren Körper durch plastische Chirurgie verjüngen, unser Geist älter wird. Was auch gut so ist. Im Lauf unseres Lebens lernen wir immer besser, wie wir es uns und anderen angenehmer machen können. Eine unserer größten Ängste ist die Angst vor Veränderung. Das ganze Leben bedeutet jedoch permanente Veränderung. Wenn wir bereit sind, uns von diesem Strom des Lebens mittragen zu lassen, können wir geistig jung und flexibel bleiben. Im (fernen) Osten ist der Bambus das Symbol für Jugend und Flexibilität, weil er sich mit dem Wind biegt und deshalb selten bricht.

Tipp

Stellen Sie eine Bambuspflanze auf Ihren Balkon oder in Ihr Büro. Es sind herrliche Pflanzen mit einer schönen Aussage: Biegsamkeit!

GEHEIMNIS

23

Unter den Sternen zu Hause sein

Spannung hat etwas mit Festhalten zu tun, Entspannung mit Loslassen. Wenn wir Raum für Neues schaffen wollen, müssen wir Altes loslassen. Die alten Ideen und Muster sind uns aber wohl vertraut und es fällt uns schwer, sie gehen zu lassen, sogar wenn sie uns nicht mehr gut tun. So gibt es wahrscheinlich viele Normen und Werte, die nicht mehr zu Ihrem jetzigen Leben passen, an denen Sie jedoch festhalten, weil sie Ihnen ein Gefühl von Sicherheit vermitteln.

Nach einer schweren Ehekrise fassten mein Mann und ich den Beschluss, auf einer herrlichen Sonneninsel Urlaub zu machen. Wie mieteten uns dort ein Ferienhaus und freuten uns sehr auf diesen Urlaub. Als wir gerade ein paar Tage auf der Insel waren, klingelte das Handy meines Mannes. Aus dem Telefon drang die Stimme einer Frau, die er offensichtlich gut kannte und die etwas von ihm wollte. Er reagierte eher abwehrend, aber sie ließ nicht locker und rief am nächsten Tag wieder an. Ich war enttäuscht und fühlte mich ohnmächtig. Er sagte, es wäre nichts mehr zwischen ihnen, aber mich hatte der Vorfall völlig durcheinander gebracht. Was bedeutete Treue eigentlich und was konnte ich nach 21 Jahren Ehe noch erwarten? Einerseits war ich der Meinung, Untreue könne man nie ganz ausschließen, schließlich hatte ich mich auch schon verliebt. Aber andererseits war ich wütend und fühlte mich verletzt. Reden half nicht weiter. Er entschuldigte sich und versprach, endgültig Schluss zu machen. Ich fühlte mich, als hätte ich plötzlich meinen Glauben an alles verloren. In dieser Nacht setzte ich mich allein unter den weiten Sternenhimmel. Ein unbeschreiblich friedvolles Gefühl überkam mich. Es war das Gefühl, zu Hause angekommen zu sein, mein Zuhause unter den Sternen zu haben – die Empfindung der Unermesslichkeit des Universums. Ich fühlte mich geheilt. In diesem Moment wurde mir klar, dass mein Mann nicht mein Besitz ist und dass ich nicht sein Eigentum bin. Genauso wenig wie mein Sohn mir gehört und nur für mich da ist. Ich kann mich an ihm freuen, solange er bei uns ist. Ich habe verstanden, dass ich ein Kind der Sterne und des Universums bin, und dass sie mein Zuhause sind. Ich habe das Gefühl, dass ich in dieser Nacht um Jahre jünger geworden bin. Am nächsten Abend gingen wir gemeinsam in eine Diskothek und haben bis spät in die Nacht getanzt.

Tipp

Machen Sie einen Spaziergang unter den Sternen. Setzen Sie sich in einer milden Nacht allein unter den Sternenhimmel. Sie werden sich jünger und entspannt fühlen. Geben Sie sich dem Universum hin.

GEHEIMNIS

24

Schlaf, Ruhe und Entspannung – auch im Büro

Heilung beginnt immer bei sich selbst. Aber wo anfangen, wenn man müde ist und keine Energie mehr hat, über mögliche Lösungen nachzudenken? Es ist gut, mit Ruhe und in der Stille zu beginnen. Ziehen Sie sich zurück. Nehmen Sie sich einen Tag nur für sich selbst und legen Sie nicht vorab fest, was an diesem Tag geschehen soll. Sie könnten im Bett liegen bleiben, umgeben von Ihren Lieblingsbüchern. Bücher mit gutem Inhalt können eine heilsame Ausstrahlung besitzen, sogar wenn Sie gerade nicht darin lesen. Lassen Sie nie Zeitungen oder Zeitschriften in Ihrem Schlafzimmer liegen. Das hört sich vielleicht seltsam an, aber wenn man übermüdet ist, zählt jeder Eindruck. Tun Sie sich also den Gefallen und schaffen Sie alles, was Unruhe verursacht, aus Ihrem Schlafzimmer fort. Schlafen und Ruhen haben eine stark heilende Kraft. Gehen Sie Schritt für Schritt vor. Schlafen Sie erst einmal, und wenn Sie wach werden, fühlen Sie sich vielleicht schon besser. Wenn nicht, schlafen Sie weiter, bis Sie sich ausgeruht fühlen. Depressionen und andere psychosomatischen Beschwerden haben häufig damit zu tun, dass wir unseren Körper überfordern. Er schreit: Stopp! Hören Sie auf seine Signale. Verhalten Sie sich Ihrem Körper gegenüber wie eine liebe Freundin und gönnen Sie ihm Ruhe, wenn er sie braucht. In China ist es üblich, dass Menschen ihre Arbeit für kurze Schlafpausen unterbrechen. Wenn man dort eine Fabrik betritt, in der hart gearbeitet wird, sieht man, als wäre es die normalste Sache der Welt, immer auch Menschen, die auf Schachteln oder Schränken ein Nickerchen halten. Wenn sie wach werden, arbeiten sie wieder weiter. In dem Museum, in dem ich früher arbeitete, nutzte ich die Mittagspause, um Yogaübungen zu machen, gefolgt von einer langen Entspannung. Erst dann aß ich zu Mittag. Dadurch war ich nachmittags immer ausgesprochen fit und konnte meine Führungen uneingeschränkt genießen. Für Mittagspausen dieser Art benötigt man allerdings

ein eigenes Zimmer. Hoffentlich werden in Zukunft Entspannungsräume in Büros geschaffen, wohin man sich zurückziehen kann, um neue Energie zu tanken. Das käme auch der Qualität der Arbeit zugute. Auch wenn Sie mit mehreren Menschen zusammen in einem Raum sitzen, könnten Sie während der Pause Ohrstöpsel benutzen, Ihre Augen schließen und die folgende Entspannungsübung durchführen.

Entspannungsübung, um sich fit zu fühlen

Stecken Sie bei Bedarf Ohrstöpsel in die Ohren und schließen Sie Ihre Augen. Fangen Sie mit der rechten Seite an. Spüren Sie Ihren rechten Fuß und entspannen Sie sich. Spüren Sie Ihren rechten Unterschenkel und entspannen Sie sich. Wandern Sie mit Ihrer Aufmerksamkeit weiter zu Ihrem rechten Oberschenkel. Spüren Sie Ihren Oberschenkel und entspannen Sie sich. Gehen Sie weiter zur rechten Körperseite. Entspannen Sie sich. Nehmen Sie bewusst Ihre rechte Hand wahr und entspannen Sie sich. Wiederholen Sie diese Übung nun auf der linken Seite.

GEHEIMNIS 25

Wolken am Himmel

Eine meiner Freundinnen wollte von ihrer Großmutter wissen, auf welche Art sie am liebsten ihre Zeit verbringt. Ihre Oma erzählte, sie sitze manchmal stundenlang am Fenster und beobachte die vorüberziehenden Wolken. Ein wunderbares Gefühl der Ruhe stelle sich dann bei ihr ein.

Die folgende Übung eignet sich sehr gut dafür, Abstand von den eigenen Gedanken nehmen zu können, und hilft, einen klaren, entspannten Geist zu bekommen.

Legen Sie sich in Rückenlage auf eine weiche Unterlage. Wenn Ihnen kühl ist, decken Sie sich mit einer warmen Decke zu. Schließen Sie die Augen und versuchen Sie zu lokalisieren, wo Sie in Ihrem Körper Verspannungen wahrnehmen. Denken Sie ganz bewusst: Entspanne. Verfahren Sie so mit allen verspannten Körperbereichen. Stellen Sie sich vor, Ihr Geist wäre der klare, blaue Himmel und Ihre Gedanken wären Wolken, die langsam vorübertreiben. Sie werden sich erleichtert fühlen!

GEHEIMNIS 26

Schlafprobleme

Es kann viele Gründe dafür geben, dass jemand schlecht schläft. Die wichtigste Ursache dürfte sein, dass Sie zu beschäftigt sind oder dass Sie während des Tages keine Zeit haben, das Erlebte zu verarbeiten. Durch Träume erfahren die Geschehnisse des Tages auf eine sehr gesunde Art und Weise eine neue Zuordnung. Nur wenn Sie schlecht schlafen, träumen Sie auch weniger. Es ist empfehlenswert, sich ein persönliches Schlafritual zurechtzulegen und es jeden Abend konsequent zu praktizieren.

Ich selbst meditiere jeden Abend vor dem Schlafengehen. Ich danke dem Universum für alle guten Dinge des Tages, für meine Gesundheit und die Gesundheit derer, die mir lieb sind. Manchmal erscheint mir eine Person in Gedanken, dann bete ich für sie. Am Ende der Meditation bitte ich die Engel, mich während der Nacht zu beschützen.

Übung für einen tiefen Schlaf

Gehen Sie gedanklich zur letzten Beschäftigung zurück, bevor Sie ins Bett gegangen sind. Was haben Sie davor gemacht? Und davor? Und so weiter. Denken Sie an alles, was an diesem Tag geschehen ist, in umgekehrter Reihenfolge, vom letzten bis zum ersten Ereignis. Sie werden sich wundern, welchen Eindruck manche Dinge auf Sie gemacht haben. Es werden sich auch Gefühle bemerkbar machen, doch das ist Teil des Verarbeitungsprozesses und sehr wichtig und positiv. Sie werden wahrscheinlich schon eingeschlafen sein, bevor Sie den ganzen Tag betrachtet haben. Das ist auch der Zweck der Übung. Geben Sie sich dem Schlaf hin und entspannen Sie sich.

GEHEIMNIS 27

Was mich nährt

Stellen Sie sich vor, alles, was Sie jemals gegessen und getrunken haben, wäre in einem großen Behälter gesammelt worden. Was würde sich alles darin befinden? Es ist wichtig, dass Sie sich bewusst machen, was Sie essen und was davon wirklich nahrhaft ist. Das soll nicht heißen, dass Sie nicht ab und zu einmal »sündigen« dürften. Ein weiser Schamane sagte mir einmal: »Sometimes you need your poison.« (»Manchmal braucht man sein Gift.«) Ganz allgemein gesprochen, gibt es jedoch einiges in puncto Ernährung, was wir wissen sollten, beispielsweise wie wir uns mit optimaler Energie versorgen.

Bestimmte Nahrungsmittel ergeben zusammen keine gute Kombination im Magen. Wenn Sie sich an einige einfache Regeln halten, finden Sie im Handumdrehen die richtige Zusammenstellung heraus:

Versuchen Sie, so wenig wie möglich Kohlenhydrate (z. B. Brot) mit tierischem Eiweiß (z. B. Fleisch und Käse) zu verbinden. Das heißt nicht, dass Sie auf Ihr Käsebrot verzichten müssen, aber dieser einfache Grundsatz sollte Berücksichtigung bei der Zubereitung Ihrer

Hauptgerichte finden. Produkte, die tierische Eiweiße beinhalten, eignen sich sehr gut zu verschiedenen Gemüsen und frischem Salat (sind kohlenhydratarm). Fisch, Fleisch, Hühnchen bringen Sie am besten zusammen mit zwei verschiedenen Gemüsen und einem Salat auf den Tisch. Kartoffeln und Fleisch sollen vorzugsweise nicht zusammen gegessen werden. Kartoffeln können Sie gut mit Gemüse oder einem leckeren Salat mit Mayonnaise servieren. Salat enthält viele Vitamine und eine gute Mayonnaise bekommen Sie im Reformhaus. Oder Sie machen selbst ein Salatdressing aus Zitronensaft und Salatöl. Auch Olivenöl ist sehr gesund.

Empfehlenswerte Alternativen für einen Brotbelag (anstelle von Käse und Wurst) sind Nusspasten (es gibt neben Erdnussbutter noch viele andere Sorten), Avocados, Tomaten und Gurken.

Da unser Körper zu einem großen Teil aus Flüssigkeit besteht, ist auch der Verzehr von Nahrungsmitteln mit hohem Wassergehalt sehr vorteilhaft für die Gesundheit.

Sollten Sie etwas zu viel Gewicht auf die Waage bringen, verzichten Sie nach und nach auf ungesundes Essen. Hier ein Beispiel einer sinnvollen Diät. Wenn Sie sich daran halten, werden Sie ohne Hungergefühle und ohne Raubbau an Ihrem Körper zu betreiben, abnehmen.

Frühstück
1 Glas frisch gepressten Orangen- oder Grapefruitsaft.
1 Portion Obstsalat (eventuell vorher zubereiten und im Kühlschrank aufbewahren).
Oder:
1 Scheibe Vollkornbrot mit Avocado, Tomate oder Nusspaste.
Zwischendurch: Obst.
Mittagessen
Endiviensalat, Kopfsalat oder Salat aus frischem Spinat mit einem Dressing aus Olivenöl und Zitrone oder Mayonnaise.
2 Scheiben Vollkornbrot.
Zwischendurch: frisch gepressten Saft, Obst oder Nüsse (kleine Portion).
Abendessen
1 Glas Fruchtsaft, 10 Minuten vor dem Essen.
Fisch, Hühnchen oder Fleisch mit so viel Gemüse und Salat, wie Sie wollen.
Oder:
Kartoffeln oder Reis mit Gemüse und Salat.

Trinken Sie über den Tag verteilt möglichst viel Mineralwasser. Milch geht auf die Schleimhäute, deshalb sollten Sie diese nur in Maßen konsumieren oder durch Sojamilch ersetzen. Sie können so viel Tee oder Kräutertee zu sich nehmen, wie Sie möchten, bei Kaffee sollten Sie zurückhaltend sein (1 bis 2 Tassen pro Tag). Ersetzen Sie Zucker durch Honig (am besten kaltgeschleudert). Genießen Sie Alkohol in

Maßen. Ab und zu ein Glas Wein vor dem Essen oder zum Essen schadet nicht. Eine goldene Regel beim Essen lautet: Ruhe. Ebenfalls sehr wichtig ist es, eine angenehme Atmosphäre während des Essens zu schaffen. Zünden Sie Kerzen an. Schöne Hintergrundmusik fördert die Verdauung. Versuchen Sie, unerfreuliche Gesprächsthemen bei Tisch fern zu halten. Ein Essen in ruhiger Atmosphäre bedeutet nicht nur für den Körper, sondern auch für den Geist gute Nahrung. Bei Frauen über 30 kann Vitamin-B6-Mangel eine allgemeine Schwäche des Nervenkostüms und Nervosität verursachen. Zur Stärkung von innen heraus können Sie vorübergehend täglich 15 mg Vitamin B6 einnehmen.

GEHEIMNIS

28

Garten oder Balkon, ein Platz zum Zurückziehen

Von Pflanzen und Blumen können wir viel lernen und uns stundenlang mit ihnen vergnügen. Jedes Fleckchen Erde, ob im Freien, auf dem Balkon oder im Haus in Form eines Wintergartens, kann sich durch unsere Aufmerksamkeit und Liebe in einen prächtigen Garten verwandeln. Säen, Ernten, Unkraut jäten sind jene Aspekte der Gartenarbeit, die auch im Alltag immer wiederkehren: Wir ernten, was wir säen. Bei Pflanzen und Bäumen können wir das deutlich sehen. Planen Sie einen Garten, müssen Sie erkunden, wie Sie ihn haben möchten: Welche Blumen und welche Sträucher miteinander harmonieren und welche nicht, welche Pflanzen zu welcher Zeit blühen. Die Natur ist einer der besten Lehrmeister. Befinden wir uns in einer schwierigen Lebenslage, können wir uns ein Beispiel an den kahlen Bäumen nehmen, die mutig den Winter überstehen und bereits den Keim neuen Lebens in sich tragen. Jäten wir Unkraut, können wir uns vorstellen, dass wir Hirngespinste und negative Gedanken genauso loslassen, wie wir das Unkraut entfernen, mit den Wurzeln und allem

Drum und Dran. Und so wie Sie den Garten nicht an einem Tag in Ordnung bringen, so müssen Sie auch nicht alle Probleme an einem Tag lösen. Nehmen Sie sich jeden Tag ein Stückchen vor, dann bleibt es überschaubar, und Sie können zufrieden sein mit dem, was Sie schon erledigt haben.

GEHEIMNIS

29

Mit den Vögeln reden

Eines Tages sagte mir mein Mann, er habe vor, im Sommer einen Teil seines Urlaubs mit seinem besten Freund zu verbringen. Damals war unser Sohn noch klein und sein Entschluss verunsicherte mich enorm, vor allem auch, weil sein bester Freund zu der Zeit noch Junggeselle war. Bisher hatten wir alle Sommerurlaube zusammen verbracht und mir gefiel das sehr gut. Jetzt sollte ich also den ersten Teil des Urlaubs allein mit meinem kleinen Sohn verbringen. Ich entschied mich für ein Musikcamp in den Alpen, wo auch ein Kindertheater veranstaltet werden sollte. Leute, die dort gewesen waren, hatten mir schöne Geschichten darüber erzählt. Für die Teilnahme an den unterschiedlichen Workshops wurde glücklicherweise nicht vorausgesetzt, eine erfahrene Sängerin zu sein. Ich bin nicht unbedingt ein Gruppenmensch und stand dem Ganzen mit Skepsis gegenüber, da ich kaum Noten lesen konnte und uns prompt eine Partitur in die Hand gedrückt wurde. Eine Frau, die ganz in meiner Nähe stand, sah mich freundlich an. In der Pause fragte sie, ob Sie mir helfen könne. Sie hieß Stephanie Wolff und wir freundeten uns an. Wie sich herausstellte, war sie die Enkelin des großen deutschen Komponisten Felix Mendelssohn. Bei einer gemeinsamen Wanderung durch die Berge setzten wir uns einmal auf einen großen Felsblock. Wir erfreuten uns an der Natur und sie fing plötzlich an, den Vögeln in den Bäumen etwas vorzupfeifen. Und die Vögel antworteten ihr. Ich dachte zunächst an Zufall, aber sie erriet meine Gedanken und sagte: »Hör nur, sie antworten immer.« Auch ich versuchte es, und zu meinem großen Erstaunen plauderten die Vögel mit uns! Wieder zu Hause dachte ich mir, dass das »Mit-den-Vögeln-sprechen« vielleicht mit ihr zu tun hätte. Aber hier kann ich es auch.

Tipp

Setzen oder stellen Sie sich an einen Baum, in dem Sie die Vögel gut hören können. Pfeifen Sie ihnen etwas vor. Die Vögel werden zurückpfeifen. Vor allem bei Sonnenauf- oder -untergang können Sie ganze Dialoge mit ihnen führen. Viel Vergnügen!

GEHEIMNIS 30

Der Hund ist des Menschen bester Freund

Umziehen verursacht viel Stress. Ich wollte immer in der Stadt wohnen, aber mein Mann Henk fand es für die Entwicklung unseres Sohnes Kabir besser, ein Haus auf dem Land zu suchen. Jahrelang war dieses Thema ein Streitpunkt zwischen uns. Es gab eine Zeit, in der wir uns Häuser im Polder ansahen. Jedes Mal war ich enorm erleichtert, wenn nichts daraus wurde. An einem regnerischen Tag hörten wir, dass am Stadtrand ein Haus verkauft wurde. Zu dritt wollten wir uns das Objekt ansehen, Kabir und ich stiegen aus. Henk blieb im Auto sitzen, weil er glaubte, das Haus sei zu teuer. Ich dachte mir: Das ist die perfekte Umgebung! In der Stadt und dennoch draußen. Das Haus hieß zudem Engelina, und als ich den Namen las, war ich mir vollkommen sicher, dass es unser Haus werden würde. Unser damaliges Haus in der Stadt konnten wir, nachdem die endgültige Entscheidung gefallen war, auf Anhieb zu einem guten Preis verkaufen. Da Henk damals sehr wenig Zeit hatte, habe ich mich intensiv mit dem Umbau des neuen Hauses beschäftigt. Während meiner Kindheit in

Südamerika habe ich häufig erlebt, dass in Häuser eingebrochen wurde, und deshalb beängstigte mich das Wohnen außerhalb der Stadt. Mir kam die Idee, dass ich einen großen, starken Wachhund haben wollte. Eines Nachts träumte ich von einem prächtigen, hellbraunen Hund, der auf mich zustürmte. Ich hatte einen derartigen Hund noch nie gesehen, wusste aber sofort, dass das mein Hund sein musste. Als ich aufwachte, erzählte ich Henk von meinem Traum und beschrieb ihm ausführlich, wie der Hund ausgesehen hatte. In der Zwischenzeit hatte bereits Henks Vater einen Hund für uns bestellt, einen Rottweiler. Ich rief ihn sofort an, erzählte von meinem Traum und machte ihm klar, dass dieser Hund für uns nicht in Frage kam. Er war darüber sehr verärgert und enttäuscht, aber das Einzige, was ich tun konnte, war, ihn rechtzeitig zu informieren und auf meinen Traumhund zu vertrauen. Ich hatte in meinem Leben selten Träume mit einer Vorsehung, aber dieser Traum gehörte in diese Kategorie. Einen Monat später besuchte mein Meditationslehrer, der Sufi Pir Vilayat Khan, die Niederlande. Henk holte ihn ab und sah mit Erstaunen den Hund, den die Frau unseres Lehrers bei sich hatte – der Hund, von dem ich geträumt hatte. Er rief mich gleich an. Es handelte sich um einen persischen Windhund, und in dem Moment, in dem wir uns begegneten, rannte er auf mich zu. Es war Liebe auf den ersten Blick. Wir bekamen Cyrus, und das war der Beginn einer großen Freundschaft mit einem fantastischen

Wesen. Cyrus wurde neun Jahre alt. Er starb an Kummer, als wir einmal einen Monat lang ohne ihn Urlaub machten. Jetzt liegt er im Garten begraben. In den neun Jahren, in denen er bei uns war, war er uns jeden Tag ein großer Freund, der nicht einfach durch einen anderen Hund zu ersetzen ist. Ein Hund ist ein wunderbarer Kamerad. Er ist auch in Stunden der Traurigkeit oder Einsamkeit immer da, ohne etwas dafür zu fordern. Cyrus hat mir gezeigt, was bedingungslose Liebe ist, und das ist ein Geschenk, das ich mein Leben lang in Ehren halten werde.

GEHEIMNIS 31

Technik, die Zeit schenkt

Da ich in einer Familie aufwuchs, die vorwiegend aus Frauen bestand, war mein Vater der Einzige, der sich mit der Technik im Haus auseinander setzte. Ich habe mich zwar sehr für Autos und Mopeds interessiert, aber sobald ich mich beispielsweise daran machen wollte, einen Stecker zusammenzuschrauben, hörte ich bereits meinen Vater rufen: »Das kannst du doch nicht.« Das war gut gemeint, führte aber dazu, dass ich glaubte, nicht einmal das einfachste Gerät in Betrieb setzen zu können. Als ich schwanger wurde, wusste ich, dass sehr viel Zeit für Wäschewaschen und -trocknen ins Land ginge, wenn ich mir nicht eine Waschmaschine und einer Trockner anschaffen würde. Wie habe ich mich gefreut, als sich zeigte, dass die Bedienung der Geräte kinderleicht war, nachdem ich die Bedienungsanleitung ein paarmal durchgelesen hatte. So begann ich, mit der Technik Freundschaft zu schließen. Vor einigen Jahren habe ich mir einen Computer zugelegt. Obwohl ich meine Bücher nach wie vor mit der Hand schreibe, finde ich, dass Computer eine tolle Errungenschaft sind. Nach einigen Frusterlebnissen kann ich inzwischen meine Geschäftsbriefe und Prospekte am Computer erstellen. Ich muss gestehen, dass mir vor allem Henk mit seiner Engelsgeduld über die »Technik-Angst« hinweggeholfen hat. Ein großes Vorbild war für mir auch mein Meditationslehrer Pir Vilayat Khan, der mit 72 Jahren noch gelernt hat, am Computer zu arbeiten, und nun mit seinem Laptop durch die Welt reist.

Tipp

Richten Sie, wenn Sie zu Hause arbeiten, Ihr Büro in einem separaten Raum ein, der so weit wie möglich vom Schlafzimmer entfernt liegt. Wenn Sie sich einen physischen Raum schaffen, schaffen Sie sich auch geistigen Raum.

GEHEIMNIS 32

Unordnung raubt Energie

Je mehr Unordnung Sie um sich herum zulassen, desto mehr Chi (Chinesisch für Energie) geht Ihnen verloren. Beginnen Sie mit dem Aufräumen etappenweise. Wenn Sie etwa Ihren Bücherschrank ordnen wollen, nehmen Sie sich zunächst ein Regalbrett vor und dann nach und nach die anderen. Schon allein die Tatsache, in einem Teil des Schranks für Ordnung gesorgt zu haben, wirkt sich günstig auf Ihre geistige Ordnung aus. Dass Menschen sich ausgebrannt fühlen, kommt manchmal auch daher, dass sie zu viele Aufgaben übernehmen, die sie dann nicht zu Ende führen können. Versuchen Sie, Ihr Leben »zurückzufahren«, also weniger kompliziert zu machen. Sehen Sie sich um: Welche Möbel benötigen Sie wirklich? Was steht seit Jahren im Weg? Wenn Sie überflüssige Dinge wegschaffen, entsteht neuer Raum. Sie werden feststellen, wenn Sie in Ihrem Wohnraum so manchen alten Gegenstand und Papierkram weggeworfen haben, dann kann etwas Neues in Ihr Leben kommen. Etwas, das besser zu der Person passt, die Sie jetzt sind.

GEHEIMNIS 33

Materielle Aspekte der Entspannung

Unser Körper besteht aus Stoffen und Mineralien der Erde. Deshalb ist die Erde unsere Mutter. Alles, was die materielle Seite unserer Existenz betrifft, hat in gewisser Weise auch mit der Erde zu tun. Unseren Körper gut zu versorgen, ist die Basis unserer Existenz. Das sagt sich leicht, ist aber schwer in die Tat umzusetzen. Ein schöner Platz zum Wohnen sowie genügend Geld zur Befriedigung unserer Bedürfnisse gehören ebenfalls zu den wesentlichen Aspekten unserer irdischen Existenz.

Tipp

Kaufen Sie sich einen bequemen Sessel oder einen Schaukelstuhl, der Ihnen, wenn möglich, einen Blick nach draußen gewährt. Nehmen Sie in diesen Stuhl Platz und betrachten Sie das Sitzen als Time-out, als eine Pause, in der Sie gar nichts müssen. Das kann auch im Büro sein.

33 entspannungs-geheimnisse für mental-emotionales wohlbefinden

GEHEIMNIS 34

Heute ist der erste Tag Ihres restlichen Lebens

Ich war ein verborgener Schatz
und beschloss,
mich zu erkennen zu geben.

Ibn Arabi, 13. Jahrhundert

Wir könnten uns unser Leben wie ein magisches Reich vorstellen, in dem wir der König oder die Königin sind. Genau genommen trifft das auch zu. Sobald Sie die Verantwortung für Ihr eigenes Leben übernehmen, sind Sie König oder Königin in Ihrem eigenen Königreich – Ihrem Leben. Ihr Königreich ist so groß wie Ihr Verantwortungsgefühl. Und wodurch wird Ihr Königreich magisch? Durch die Tatsache, dass Sie Ihre Träume verwirklichen können. Kinder besitzen wesentlich mehr Glauben und Vertrauen als Erwachsene. Aufgrund unterschiedlicher Erfahrungen verlieren wir unser Vertrauen und bezeichnen das als erwachsen werden. Unschuld und die Überzeugung »Alles ist möglich!« sind als Eigenschaften meist nur bei Kindern oder sehr jungen

Menschen zu finden. Tief in unserem Innern befindet sich ein Bereich, in dem wir unberührt, unschuldig und frei sind. Wenn wir unser magisches Reich wiederfinden wollen, dann müssen wir erst wieder einen Kontakt zu diesem Bereich in uns herstellen. Das geschieht, indem wir dem Kind in uns eine Chance geben. Beginnen Sie jeden Tag neu, als wäre es der erste Tag Ihres Lebens. Bringen Sie Ordnung in Ihr Leben, vollenden Sie Angefangenes, bevor Sie sich Neuem zuwenden. Verzeihen und vergessen Sie, was Ihnen andere angetan haben. Oft entsteht der Schmerz, den andere uns zufügen, aus Unwissenheit. Wenn sie gewusst hätten, dass sie Ihnen wirklich übel mitspielten, hätten sie es wahrscheinlich nicht getan. Es ist unsere Aufgabe, zu verzeihen. Vergebung setzt Energie frei. Angst und Groll dagegen kosten sehr viel Energie. Die erste Maßnahme auf der magischen Reise zur Verwirklichung Ihrer Träume lautet also Vergebung. Das bringt eine Art Ordnung in Ihr Leben, auf der sich gut aufbauen lässt. Nehmen Sie sich viel Zeit, um allen Menschen, die Ihnen weh getan haben, zu verzeihen. Wenn es Menschen betrifft, die nicht mehr leben, können Sie ihnen schreiben und hinterher den Brief während eines Vergebungsrituals verbrennen. Wenn Sie das erledigt haben, sind Sie bereit, die magische Reise anzutreten! Manchmal kommt es auch vor, dass man unglaubliche Kräfte in ein Projekt oder einen bestimmten Kontakt investiert hat, und dennoch klappt es nicht. In so einem Fall kann es sinnvoll sein, einfach zu vertrauen und abzuwarten. Abwarten ist nicht gleichbedeutend mit untätig sein. Sie können weitergehen, aber auf eine andere Art. Probieren Sie die folgende Übung. Sie verleiht Ihnen neue Inspiration.

Übung zur Vergebung und zur Gewinnung neuer Energie

[1] Verschließen Sie mit dem rechten Daumen Ihr rechtes Nasenloch. Atmen Sie über das linke Nasenloch ein: Lassen Sie das Vergangene los. Halten Sie den Atem, so lange es geht, an: Fühlen Sie sich frei. Konzentrieren Sie sich auf die erneuernde, universelle Energie.

[2] Halten Sie mit dem kleinen Finger der rechten Hand das linke Nasenloch zu. Atmen Sie über das rechte Nasenloch aus: Gehen Sie belebt der Zukunft entgegen.

Verfahren Sie mit dem linken Nasenloch ebenso.

Übung zur Regeneration Ihrer Energie

Stellen Sie sich beim Stehen, Sitzen und Gehen vor, Sie würden über Ihre Fußsohlen atmen. Spüren Sie bei jedem Atemzug neue Lebensenergie in alle Zellen strömen. Sie fühlen sich unmittelbar belebt.

Vitale Atmung

Ihr Atem ist Ihr Leben. Atmung und Energie gehen Hand in Hand, werden Sie sich Ihrer eigenen Atmung bewusst.

GEHEIMNIS

35

Entspannen Sie Ihre mentale Haltung

Unsere mentale Haltung bestimmt unser Leben. Wir können nicht immer die Menschen in unserer Umgebung und die äußeren Umstände bestimmen, aber wir können versuchen, uns und unsere Lebenseinstellung so weit wie möglich in den Griff bekommen. Rückblickend kann man feststellen, was man aus gewissen Erfahrungen gelernt hat. Die Erfahrungen an sich sind weder gut noch schlecht. Es kommt auf den eigenen Standpunkt an, ist also immer relativ. Wenn Sie zurückschauen, werden Sie feststellen, dass anhand bestimmter Erfahrungen, die Ihnen zunächst katastrophal erschienen, in Wirklichkeit völlig neue Entwicklungen möglich wurden. Alles ist relativ, eine Sache jedoch ist sicher: Das Leben ist ein fortwährender Veränderungs- und ein andauernder Lernprozess.

Wie erlangen wir eine positive Haltung? Schritt Nummer eins lautet: Alte, schmerzhafte Erfahrungen so weit wie möglich loslassen und verarbeiten, damit Raum für etwas Neues entstehen kann. Solange Sie alten Groll hegen, wird Ihre Energie blockiert. Bezahlen Sie Ihre überfälligen Rechnungen, sowohl in wörtlichem als auch in metaphorischem Sinne, und Sie werden frei sein für Ihren weiteren Weg.

Um eine positive Lebenshaltung zu erlangen, müssen wir selbst aktiv werden. Von der Welt der Inspiration und der Welt der Gedanken müssen wir in die irdische Wirklichkeit hinabsteigen. Sie können mit Visualisieren beginnen. Das heißt, Sie stellen sich Ihr Leben wie einen Film vor, in dem Sie die Hauptrolle spielen. Urteilen Sie möglichst nicht und räumen Sie sich alle Freiheiten ein. Wie sieht die Situation aus? Was machen Sie? Mit wem? Wie stellt sich die Lage dar und wie hätten Sie es gern? Versuchen Sie, sich alles bis ins kleinste Details vorzustellen, und halten Sie das Ergebnis hinterher schriftlich fest. Daran kann man viel Freude haben, vor allem, wenn man solche Aufzeichnungen nach Jahren wieder liest. Sie werden merken, dass Sie in der Zwischenzeit nicht nur alle Ihre Träume in die Tat umgesetzt haben, sondern vieles andere mehr!

Anfangs ist eine neue Lebenshaltung sehr zerbrechlich. Es ist deshalb besser, mit anderen nicht darüber zu sprechen, außer vielleicht mit Menschen, denen Sie vertrauen und die Ihnen wohlwollend gegenüberstehen. Beschützen Sie Ihre Träume. Sie stammen aus einem heiligen Ort in Ihrem Innern. Gehen Sie respektvoll mit sich um, indem Sie zu Ihren Träumen stehen. Vielleicht ist Ihnen jemand bekannt, der seine Träume verwirklicht hat. Sie könnten sich diese Person als Vorbild nehmen. Die Gedanken, die Sie denken, und die Worte, die Sie sprechen, haben einen wesentlich größeren Einfluss auf eine positive Einstellung und die Verwirklichung Ihrer Träume, als Sie sich vielleicht in diesem Moment vorstellen können. Unsere Gedanken und Worte besitzen eigentlich magische Kräfte. Sie können sowohl etwas Positives als auch etwas Negatives bewirken. Probieren Sie es aus, sprechen Sie 5-mal hintereinander »Ich fühle mich fit!«, während Sie mit aufrechtem Rücken dasitzen. Sagen Sie anschließend 5-mal »Ich fühle mich müde!« Nehmen Sie bewusst wahr, was geschieht. Dadurch werden Sie immer klarer erkennen, dass Sie Ihr Leben selbst in der Hand haben, weil Sie nämlich sich selbst bestimmen.

Umgeben Sie sich mit liebevollen Freunden und Verwandten, die Sie unterstützen. Das gibt Ihnen ein Gefühl von Sicherheit. Um Ihre persönliche Programmierung in eine positive Richtung zu lenken, unterstützen Sie sich selbst mithilfe der folgenden Übungen:

Affirmationen für eine neue Lebenseinstellung

Ich unterstütze mich mit Liebe.

Ich lerne aus meinen Fehlern und gehe weiter auf meinem Weg.

Wiederholen Sie eine oder beide Affirmationen (Bekräftigungen) täglich, so oft Sie möchten. Sie helfen sehr gut, vor allem, wenn man kurz davor steht, den Mut zu verlieren.

An die Atmung gekoppelte Affirmationen
Die Affirmationen können Sie auch im Stillen, an die Atmung gebunden, wiederholen, egal, ob Sie sitzen, stehen oder gehen. Stellen Sie sich dabei vor, dass die universelle Liebe durch Sie hindurchfließt:

Ich unterstütze mich **(beim Einatmen) …**
… mit Liebe **(beim Ausatmen).**
Ich lerne aus meinen Fehlern **(beim Einatmen) …**
… und gehe weiter auf meinem Weg **(beim Ausatmen).**

Tipp
Schimpfen Sie nicht mit sich. Machen Sie sich nicht selbst runter.

GEHEIMNIS 36

Die drei wichtigsten Aspekte des Lebens

Struktur, Wärme und Vision bilden die drei wichtigsten Aspekte im Leben. Wie bei der Erziehung eines Kindes stellt auch beim erwachsenen Menschen eine Aufteilung in diese drei verschiedenen Lebensbereiche eine sinnvolle Ausgangssituation dar. Wie sieht es aus mit Struktur in Ihrem Leben? Mit der Struktur Ihres Körpers, Ihrer Wohnumgebung, Ihrer Ausbildung, Ihrer Arbeit?

Strukturen bilden die Grenzen, innerhalb derer sich Ihr Leben abspielt. Wann stehen Sie auf? Was essen Sie? Wie spät gehen Sie in die Arbeit? Mit wem leben Sie? Wo leben Sie? Wie sieht Ihre Wohnung aus? Wie sehen Ihre Schränke aus? Sind alle Rechnungen bezahlt? Schulden andere Ihnen Geld? Ihr Leben ist Ihr Königreich. Gehen Sie einmal davon aus,

König oder Königin in Ihrem eigenen Königreich, Ihrem Leben, zu sein, dann können Sie aus einer gewissen Distanz heraus Ihr Leben – und die enthaltenen Strukturen – betrachten, ohne ein Urteil über sich zu fällen.

Das eigene Leben betrachten

[1] Halten Sie Papier und Stift bereit. Setzen Sie sich in ungezwungener Haltung mit aufrechtem Rücken hin. Schließen Sie die Augen und sehen Sie sich als König bzw. Königin in Ihrem eigenen Reich (Ihrem Leben). Wie fühlen Sie sich dabei?

[2] Blicken Sie aus dieser Perspektive auf Ihr Leben. Wie steht es mit den Strukturen in Ihrem Leben? Ihrer Wohnung, Ihren Pflanzen, Ihrem Mann, Ihrer Frau, Ihrem Freund, Ihrer Freundin, Ihren Kindern, Ihren Haustieren?

[3] Betrachten Sie nun Ihre Arbeit. Wie fühlt sich das an? Versuchen Sie, alles wahrzunehmen, aber fällen Sie kein Urteil über sich. Das mag schwierig sein, ist aber sehr wichtig.

[4] Schreiben Sie auf, was Ihrer Meinung nach gut an Ihrem Leben ist.

[5] Machen Sie eine Liste der Dinge, die Sie verändern wollen, so wie es Ihnen jetzt im Moment einfällt.

[6] Stellen Sie in einer Zeichnung die verschiedenen Bereiche Ihres Lebens dar. Es ist unwichtig, wie die Zeichnung aussieht; sie ist nur für

Ihren persönlichen Gebrauch. Zeichnen Sie Ihre Wohnung bzw. Ihr Haus, Ihren Garten, Ihre Arbeit, Ihre Beziehungen. Sie können dabei wichtige Einblicke in sich selbst gewinnen. Vielleicht haben Sie manche Teilbereiche viel größer dargestellt als andere. Welchen Platz haben die einzelnen Dinge bekommen? Welche Dinge stehen nebeneinander? Wer steht neben wem?

[7] Fertigen Sie nun eine Zeichnung dieser Lebensbereiche, so wie Sie sie gern hätten. Vielleicht stellen Sie fest, dass Sie manchen Bereichen einen größeren Platz geben möchten und anderen weniger Raum. Manche Menschen zeichnen Sie näher bei sich oder weiter von sich entfernt.

GEHEIMNIS 37

Struktur und Wohlbefinden

Wenn Sie keine Pläne für die Zukunft machen, könnten Sie irgendwo ankommen, wo Sie gar nicht hingehen wollten.

Mit anderen Worten: Was morgen geschieht, ist eine Folge dessen, was Sie heute denken und tun. Das ist die eigentliche Magie des Lebens: Ursache und Wirkung. Sicher haben wir nicht alles selbst in der Hand. Es gibt auch noch so etwas wie die Hand Gottes oder das Schicksal, aber unsere Reaktionen auf bestimmte Situationen entscheiden, ob wir uns als Meister des eigenen Schicksals fühlen oder nicht. Man könnte sich das Leben wie einen Fluss vorstellen und sich selbst als Kapitän auf dem eigenen Schiff. Das Schiff bewegt sich mit der Strömung, aber Sie halten das Steuer fest in der Hand, damit das Schiff gerade bleibt und Sie an keine Felswand prallen oder ohne Vorwarnung in einen Wasserfall geraten. Und wenn Ihr Schiff beschädigt wird, reparieren Sie es und setzen dann Ihre Reise auf dem Fluss fort. Im Koran, dem heiligen Buch des Islam, heißt es: »Allah sorgt für dich, aber vergiss nicht, dein Kamel festzubinden.« Einer meiner Lehrer sagte einmal, dass jeder Mensch einen Schutzengel hat und dass dieser das ganze Jahr über bei uns ist. Aber an einem Tag im Jahr macht er Urlaub und niemand weiß, an welchem.

Für unsere Reise durch das Leben benötigen wir eine gute Ausrüstung, unter anderem eine Karte. Die Karte kann man als den Weg betrachten, den wir gehen. Der Weg, den Sie gehen, ist Ihr Weg. Ein wichtiger Bestandteil Ihrer Ausrüstung ist Ihr eigener Körper. Bei der Geburt wird uns ein Körper gegeben. Mit diesem Körper müssen wir unser Leben lang auskommen. Wir können unseren Körper durch Training, gute Ernährung, Versorgung und Pflege stärken. Auch die geistige Nahrung, die Sie zu sich nehmen, beeinflusst Ihren Körper und Ihren Energiehaushalt. Zu den wichtigsten Bedürfnissen des Körpers zählt die Zeit der Erholung: Entspannung. Wie soll man aber in dieser Zeit, neben all den unzähligen Dingen, mit denen man beschäftigt ist, auch noch Zeit zur Entspannung finden? Diese Kunst besteht unter anderem aus Zeitmanagement, das heißt, lernen, die verfügbare Zeit einzuteilen. Es ist Ihr Leben. Teilen Sie Ihre Zeit so ein, wie es für Sie am besten ist. Natürlich müssen Sie sich auch an andere Menschen und an Ihre Arbeit anpassen, aber auch innerhalb dieser Struktur können Sie die verfügbare Zeit einteilen und lernen, einen besseren Überblick über Ihr Leben zu bekommen. Damit sind Sie in der Lage, die Zeit, die Ihnen zur Verfügung steht, optimal zu nutzen.

Übung für eine bessere Struktur in Ihrem Leben

[1] Nehmen Sie Papier und Stift zur Hand.

[2] Teilen Sie ein Blatt Papier in zwölf Abschnitte ein: einen für jeden Monat.

[3] Unterteilen Sie jeden Monat wieder in drei Abschnitte, die für Arbeit, Kontakte und Entspannung stehen.

Füllen Sie jeden Bereich so aus, wie Sie es gern hätten. Es macht nichts, wenn Ihr derzeitiges Leben noch nicht mit der Darstellung auf dem Papier übereinstimmt, aber indem Sie Ihre Wünsche aufschreiben, werden Sie ihnen auch nachstreben und der idealen Zeiteinteilung näher kommen.

[4] Sie können für die einzelnen Wochen oder Tage eine ähnliche Einteilung vornehmen.

GEHEIMNIS 38

Zeitmanagement

In unserer Gesellschaft ist Zeit zum größten Luxusgut geworden. Obwohl jedem von uns täglich 24 Stunden zur Verfügung stehen, gibt es große Unterschiede in der Art und Weise, mit dieser Zeit umzugehen. Manche Menschen scheinen im selben Zeitraum viel mehr bewältigen zu können als andere. Das liegt nicht nur an den Energieressourcen, die jeder Einzelne besitzt, sondern auch an der Planung. Je besser man es versteht, seine Zeit einzuteilen, desto mehr Energie steht uns zur Verfügung. In meinem hektischen Leben habe ich einige simple, praktische Methoden erlernt, die mir einen bessere Übersicht über einen Tag, den Monat, mein Leben verschaffen.

Methoden, um die Übersicht zu behalten

[1] Notieren Sie alle wichtigen Dinge, die Sie erledigen müssen.

[2] Wenn Sie nicht wissen, wo Sie beginnen sollen, nummerieren Sie die Aufgaben nach Wichtigkeit (Priorität).

[3] Lassen Sie die Liste auf Ihrem Schreibtisch liegen und streichen Sie das, was Sie erledigt haben, durch.

[4] Wenn Ihnen bestimmte Aufgaben sehr schwer fallen, gibt es mehrere Möglichkeiten:

[a] Sie kaufen sich eine Schachtel Papiersterne und belohnen sich jedes Mal, wenn Sie eine Aufgabe erledigt haben, mit einem Stern.

[b] Sie erklären im Beisein einer anderen Person – beispielsweise Ihrem Chef, Ihrer Sekretärin, einem Freund oder einer Freundin –, wann die Arbeit erledigt sein muss, und halten sich daran.

In meinem letzten Studienjahr an der Universität musste ich eine Diplomarbeit schreiben. Das fiel mir sehr schwer. Ich vereinbarte mit meinem Betreuer, alle drei Wochen vorbeizukommen und ihm zu zeigen, was ich gemacht hatte. Das funktionierte gut, weil ich wusste, dass ich zu einem bestimmten Zeitpunkt diesen oder jenen Teil fertig haben musste. Zu einem späteren Zeitpunkt hatte ich eine Freundin, die sich nicht dazu aufraffen konnte, an ihrer Abschlussarbeit zu schreiben. Wir vereinbarten, dass ich sie täglich anrufen würde, um sie daran zu erinnern, weiterzumachen. Sie wusste auch von allein, dass sie es musste, aber meine Anrufe gaben ihr immer einen zusätzlichen Ansporn, um jeden Tag erneut an die Arbeit zu gehen.

[5] Viele Tätigkeiten fallen uns entschieden leichter, wenn wir sie mit jemandem teilen können. Eine andere Freundin von mir ist Managerin in einer großen Firma. Wenn ihr die Arbeit zu viel wird und sich der Papierstapel auf ihrem Schreibtisch immer höher türmt, vertraut sie sich ihrem

Chef an. Sie bittet ihn, anzugeben, welche Arbeiten er am dringendsten benötigt, damit sie Prioritäten setzen kann.

[6] Nehmen Sie sich jeden Tag einen Moment Zeit, an dem Sie sich Sorgen machen dürfen. Halten Sie die Sorgen schriftlich fest und schreiben Sie neben jede Sorge die Lösung(en).

[7] Schreiten Sie zur Tat! Wir verbringen viel Zeit damit, uns Sorgen über allerlei Probleme zu machen, unternehmen aber nichts dagegen. Manchmal ist eine einzige Tat der Beginn einer Lösung. Taten erzeugen Bewegung. Bringen Sie die Dinge ins Rollen.

[8] Verplanen Sie sich niemals ganz. Ein überfüllter Terminkalender führt zu Stress. Entspannung fängt da an, wo wir Zeit für sie finden. Vielleicht wissen Sie anfangs nicht, was Sie mit der Zeit anfangen sollen. Das ist ausgezeichnet. Nichts tun, ins Leere starren, Musik hören sind gute Entspannungsmethoden.

GEHEIMNIS

39

Machen Sie deutlich, was Sie brauchen

Die meisten von uns haben nicht gelernt, wie man um die Dinge, die man braucht, bittet. Einer der größten Übeltäter bei Stress ist, dass man viel zu lange in einem Zustand der Anpassung verharrt und außer Acht lässt, wie man sich dabei fühlt. Wenn Sie versuchen, Ihre persönlichen Stresssignale rechtzeitig zu erkennen, können Sie lernen, früher Nein zu sagen, oder: »Ja, aber nicht jetzt!« Wenn Ihr Chef Ihnen zu viel Arbeit aufbürden möchte, reagieren Sie rechtzeitig. Erklären Sie ihm, dass Sie im Moment schon genug zu tun hätten und dass Sie, sobald Sie damit fertig seien, gern an die nächsten Aufträge herangingen. In meiner Praxis erlebe ich vor allem viele Frauen, die Ihre eigenen Belange überhaupt nicht berücksichtigen. Immer »da sein«, das ist es, was den meisten Frauen von ihren Müttern mitgegeben wurde. Eine gute Ehefrau und Mutter zu sein, im Job perfekte Arbeit zu liefern, gut auszusehen – und das alles, ohne im Geringsten angestrengt zu wirken. Das wird heutzutage von Frauen – und eigentlich auch von Männern – erwartet. Zeit zum Entspannen, Zeit für sich selbst ist kaum vorhanden. Was geschieht dann? Die Menschen stehen unter zu großer Anspannung und haben Stress. Ziehen Sie sich regelmäßig selbst zurate: Was brauche ich? Nehmen Sie die Antwort ernst, hören Sie auf sich. Vielleicht vernehmen Sie viele verschiedene, auch widersprüchliche Stimmen. Das ist ganz natürlich. Laut Psychosynthese, einer Methode, die versucht, Psychologie und Spiritualität zu verbinden, besteht der Mensch aus einem Ich oder einem höheren Selbst, und nach außen aus einer Vielzahl von Subpersönlichkeiten. Die folgende Zeichnung zeigt mich und meine Subpersönlichkeiten:

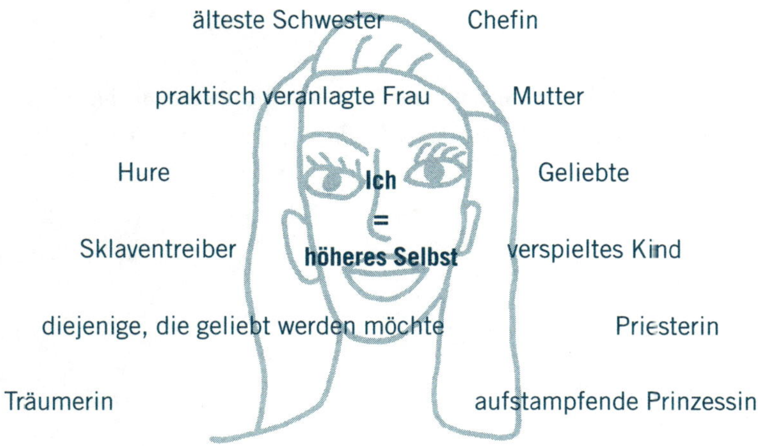

Erkennen Sie Ihre Subpersönlichkeiten

[1] Zeichnen Sie sich mit Ihrem Ich (höherem Selbst) in der Mitte, umgeben von Ihren Subpersönlichkeiten.

[2] Jetzt können Sie sehen, wie viele verschiedene Ausdrucksformen Ihres Ich oder Ihres höheren Selbst existieren. Und dabei handelt es sich um diejenigen Facetten, derer Sie sich im Moment bewusst sind. Ziel dieser Übung ist, dass Sie realisieren, dass bestimmte Subpersönlichkeiten meistens den Ton angeben oder jedenfalls in Ihrem Leben sehr dominant erscheinen und den größten Teil der Zeit und des Raums für sich beanspruchen.

Tipp

Schaffen Sie Zeit und Raum für jene Subpersönlichkeiten, die bisher zu kurz gekommen sind. Sie werden sich dadurch besser fühlen.

GEHEIMNIS 40

Das innere Kind

Sollten Sie bemerken, dass in Ihrem Leben »Verantwortung tragen« einen zu gewichtigen Platz einnimmt oder dass die Tage vorübergehen und Sie hauptsächlich mit »Erwachsen sein« beschäftigt sind, dann wird es Zeit, dem inneren Kind einen Platz einzuräumen. Sie könnten regelmäßig mit Ihrem inneren Kind Gespräche führen. Das können sowohl laute als auch leise Gespräche sein. Fragen Sie es, was es braucht oder was es gern machen möchte. Hier nun eine außergewöhnliche Übung, bei der Sie nicht nur in Kontakt zu Ihrem inneren Kind treten, sondern auch den Unterschied zwischen Ihrer linken und rechten Gehirnhälfte gewahr werden, wodurch Sie ein besseres Gleichgewicht erlangen.

Entdecken Sie Ihr inneres Kind

[1] Nehmen Sie Papier und Stift zur Hand und setzen Sie sich an einen ungestörten Ort.

[2] Wenn Sie Rechtshänderin sind, nehmen Sie den Stift in die rechte Hand und formulieren Sie eine Frage an Ihr inneres Kind. Nehmen Sie dann den Stift in die linke Hand und antworten Sie, was Ihnen als Erstes einfällt. Linkshänder fangen mit links an. Lassen Sie die Antworten beim Schreiben einfach entstehen, ohne dass der Kopf urteilt.

Beispiel:

Sie schreiben mit rechts: Was brauchst du? Antwort mit links: Ich will kuscheln. Sie schreiben mit rechts: Was kann ich für dich tun? Antwort mit links: Mir einen lieben Freund oder eine liebe Freundin zum Spielen suchen. Ich will spielen, spielen, spielen! Sie werden erstaunt sein über die Antworten, die deutlich aus einem anderen Ort in Ihrem Innern kommen und ganz anders ausfallen, als sonst, wenn Sie über die Fragen nachgedacht haben.

[3] Versuchen Sie, der Antwort Ihres inneren Kindes einen Platz in Ihrem Leben zu geben. Schenken Sie den Wünschen Ihres inneren Kindes Zeit und Raum. Das wird einen glücklicheren Menschen aus Ihnen machen.

GEHEIMNIS

41

Lächeln

Lächeln gehört zu den einfachsten und effektivsten Entspannungsmethoden. Ein Lächeln auf den Lippen schenkt unmittelbar Energie, während eine in Falten gelegte Stirn oder ein trauriger Blick die entgegengesetzte Wirkung hervorrufen.

Schauen Sie sich diese zwei Zeichnungen an:

a

Wie fühlen Sie sich, wenn Sie Zeichnung a ansehen?

b

Wie fühlen Sie sich, wenn Sie Zeichnung b betrachten?

Sollten Sie sich gerade, während Sie diese Zeilen lesen, nicht besonders glücklich fühlen, versuchen Sie trotzdem, ein Lächeln zu zeigen. Je öfter Sie lächeln, desto besser fühlen Sie sich. Das mag Ihnen zunächst etwas absurd erscheinen. Aber wenn Sie es öfter probieren, werden Sie es spüren, und Ihre Umgebung wird mit Sicherheit positiv reagieren. Ich mache die folgende Übung einfach so beim Gehen, auf der Straße. Die Reaktion der Leute ist meist ausgesprochen positiv. Egal, wo Sie hinkommen, die Menschen lächeln zurück, wenn sie Ihr fröhliches Gesicht sehen.

Visualisierung

Bei der folgenden Übung handelt es sich um eine alte chinesische Entspannungsmethode. Wenn Sie möchten, können Sie den Text auf Kassette sprechen und diese zu Hause oder auch unterwegs auf dem Walkman hören. Am besten ist es, wenn Sie sich für diese Übung mit geschlossenen Augen auf eine weiche Unterlage legen. Wenn Sie aber nicht viel Zeit haben, können Sie auch beim Herumgehen oder im Sitzen üben, oder wann immer Sie daran denken.

Wie fühlt sich Ihr Körper an? Spüren Sie Ihre Beine. Beginnen Sie bei den Unterschenkeln. Falls Sie dort irgendwo Verspannungen oder Schmerzen spüren, stellen Sie sich dann an der Stelle ein Lächeln vor. Wenn Sie ein Lächeln an der verspannten Stelle visualisieren, tritt dort

sofort eine Entspannung ein. Gehen Sie nun weiter nach oben, zu den Oberschenkeln. Nehmen Sie bewusst verspannte oder schmerzhafte Bereiche in Ihren Oberschenkeln wahr. Bringen Sie ein Lächeln dorthin und entspannen Sie sich. Untersuchen Sie nun Ihre Gesäßmuskeln und das Becken. Was fühlen Sie? Stellen Sie sich dort überall ein Lächeln vor und entspannen Sie sich. Nun kommen der Bauch und der Unterbauch an die Reihe. Was fühlen Sie in Ihrem Bauch? Stellen Sie sich ein Lächeln an jeder Stelle in Ihrem Bauch vor, an der Sie Verspannungen oder Schmerzen fühlen. Lächeln Sie und entspannen Sie sich. Verfahren Sie genauso mit Ihren Händen, den Armen, der Brust, den Schultern, dem Nacken und schließlich mit dem Gesicht. Stellen Sie sich jetzt ein Lächeln auf Ihrer Stirn vor, um damit Ihre Sorgen »wegzulächeln«. Sie machen auf diese Art aus Ihrem gesamten Körper ein einziges, großes Lächeln!

GEHEIMNIS

42

Fühlen Sie sich sicher auf der Welt

Es gibt eine Reihe von Grundvoraussetzungen, die erfüllt sein müssen, damit man ein Gefühl von Sicherheit erleben kann. Denn wenn Sie sich nicht sicher fühlen, können Sie sich auch nicht entspannen. Zunächst brauchen Sie einen Wohnraum, wohin Sie sich zurückziehen können. Sie brauchen auch genügend Geld, um Ihre Grundbedürfnisse zu befriedigen. Ein gut funktionierender Körper, auf den man sich verlassen kann, gibt einem auch ein sicheres Gefühl. Aber ein sicheres inneres Gefühl ist etwas, woran Sie arbeiten können. Eine Kombination aus körperlichem, emotionalem und spirituellem Wohlbefinden bietet dafür die beste Grundlage. Hier eine Affirmation, die Ihnen helfen wird, ein Gefühl der Sicherheit in sich selbst zu entwickeln, egal, wo Sie sich befinden. Die Übung können Sie machen, so oft und wann Sie wollen!

Sie legen Ihre Hände direkt unter den Bauchnabel, fühlen im unteren Bauch Ihre Atmung und wiederholen 3-mal:

Ich fühle mich sicher!

GEHEIMNIS 43

Entspannung in Krisenzeiten

Nachdem mein Verleger mit dem Vorschlag auf mich zugekommen war, ein Buch über Entspannung zu schreiben, geriet mein Leben in eine sehr hektische Phase. Das hätte ich mir nie träumen lassen. Es gab eine Phase, da war mein Mann, der sein Büro zu Hause hat, fürchterlich gestresst, weil irgendetwas schief gegangen war. Mein Vater war im Alter von 86 Jahren gestürzt und benötigte zusätzliche Hilfe. Ich hatte mich zum Schreiben in mein Minibüro zurückgezogen und dachte an die Menschen, für die ich dieses Buch schrieb. Wie entspannt man sich inmitten eines Sturms?

[1] Versuchen Sie, sich zurückzuziehen und sich in der Mitte des Sturms aufzuhalten.
[2] Schaffen Sie sich in Gedanken eine Hülle aus Licht und Stille – vergleichbar einem Ei –, die Sie umschließt. Darin können Sie sich im Sturm des Lebens entspannen.

GEHEIMNIS

44

Umgang mit Depression

Vor zwei Jahren im Herbst stand ich heulend am Fenster. Ich fühlte mich zutiefst niedergeschlagen. Nach 20 Jahren Ehe hatte ich mich verliebt. Das war mir zwar schon öfter passiert, aber dieses Mal war es anders – sehr einschneidend. Es ging um einen Mann, mit dem ich mich tief verwandt fühlte, als wären wir eins. Aber ich liebte auch meinen Mann und wollte ihn auf keinen Fall verlieren. Meine Freunde meinten, ich müsse mich entscheiden, doch das war mir zu dem Zeitpunkt unmöglich. Mir war, als hätte mich jemand gefragt: Was möchtest du lieber wegnehmen lassen, deinen rechten Arm oder dein rechtes Bein?

Ich fiel in ein tiefes Loch. Ich konnte nicht ohne meine Familie leben, aber auch nicht ohne diesen besonderen Seelenverwandten. Ich wollte eigentlich nur noch im Bett liegen bleiben und die Decke über meinen Kopf ziehen. Ich hatte das Bedürfnis, meine Geschichte mitzuteilen, und brauchte einen sicheren Ort, um zur Ruhe zu kommen. Was macht man in so einer Situation? Wenn es in der Umgebung niemanden mehr gibt, der einem helfen kann?

Suchen Sie professionelle Hilfe

Wenden Sie sich an jemanden, der schon weiter ist als Sie, vorzugsweise an jemanden, der auch älter ist als Sie, an einen Menschen, der mehr Lebenserfahrung besitzt als Sie. Schämen Sie sich nicht, Hilfe zu suchen. Es geht um Ihr Leben. In einer Krisensituation ist eine Person, die nicht zu Ihrem engen Kreis gehört viel besser in der Lage, Ihnen zu helfen, weil sie Abstand nehmen kann. Ihre Freunde und Ihr Partner können meistens nicht weiterhelfen, auch wenn Sie es gern täten. Gerade weil sie eine starke Bindung zu Ihnen haben, können Sie nicht klar sehen, was im Moment für Sie das Beste wäre. Viele Menschen wagen nicht, um Hilfe zu bitten, weil sie der Überzeugung sind, sie müssten selbst mit allem fertig werden. Das trifft hauptsächlich auf Menschen zu, die selbst einen sozialen Beruf ausüben, wie Ärzte, Psychiater und andere Therapeuten. Aber gerade wenn man anderen helfen will, sollte man selbst auch in der Lage sein, Hilfe und Unterstützung zu beanspruchen, wenn man sie benötigt.

Affirmation bei Depression

Wiederholen Sie folgende Affirmation oder schreiben Sie sie auf und hinterlegen Sie sie an einem Platz, an dem sie Ihnen regelmäßig begegnet.

Ich bin es wert, Hilfe zu erhalten und zu finden.

GEHEIMNIS

45

Unterstützen Sie sich selbst liebevoll

Wann soll man einschreiten und wann empfiehlt es sich abzuwarten? Wann soll man sich zu Wort melden und wann schweigt man besser? Lernen Sie, Balance zu finden zwischen Bewegung und Ruhe. Erkennen Sie Ihre Fehler, korrigieren Sie sie und gehen Sie weiter. Unterstützen Sie sich und alle, die Ihnen helfen, immer auf liebevolle Art und Weise. Zeigen Sie Ihnen Ihre Dankbarkeit. Sehr wichtig ist es, die Energie immer in eine positive Richtung zu lenken, und zwar für Sie selbst und alle Menschen, die von Ihnen abhängig sind. Liebe ist die größte Macht. Sie ist die entwaffnendste Kraft überhaupt. Reinigen Sie deshalb Ihr Herz täglich von allem Groll, lassen Sie ihn los. Wie können wir Frieden in der Welt wünschen, wenn wir nicht einmal in Frieden mit unserem Mann, unseren Kindern, den Nachbarn oder dem Arbeitgeber leben können. Verzeihen Sie immer, wenn man Ihnen weh getan hat. Es geschieht durch die Unwissenheit der anderen, nichts weiter. Und Sie haben die Macht, zu verzeihen. Es macht Sie frei. Das Verhalten anderer können Sie nicht bestimmen, aber Ihre eigene Reaktion auf dieses Verhalten. Davon hängt letztendlich ab, ob Sie glücklich sind oder nicht.

Immer mit der Ruhe!

Versuchen Sie, wichtige Entscheidungen oder Handlungen zu vermeiden, wenn Sie sich aus dem Gleichgewicht oder gestresst fühlen. Bei einem wichtigen Gespräch kann man immer auch sagen, dass man darauf zurückkommen wird. Gönnen Sie sich Zeit, wenn Sie eine wichtige Entscheidung zu treffen haben. Lassen Sie sich von Ihrer Umgebung nicht hetzen.

Der Strom des Lebens

Wie verhält es sich mit den Bereichen, die unter Ihre Verantwortung fallen? Wo ist mehr Aufmerksamkeit gefordert? Befindet sich alles in Harmonie? Können Sie selbst etwas daran ändern? Manchmal ist es auch notwendig, eine Sache loszulassen, wenn man im Moment nichts bewirken kann. Übergeben Sie die Sache dann der kosmischen Mutter, dem Strom des Lebens.

GEHEIMNIS

46

Ziehen Sie sich zurück

Eine der Ursachen für Anspannung liegt darin, dass wir nicht in der Lage sind, uns und unsere Bereiche abzugrenzen. Vor allem empfindsamen Menschen – und wer ist das nicht – fällt es manchmal schwer, den eigenen Platz zu schützen, wenn sie mit anderen zusammen sind. Ich merke an mir, dass ich am besten ich selbst sein kann, wenn ich allein bin. Wenn mir einmal alles zu viel wird, hat das meist damit zu tun, dass ich alle anderen zufrieden stellen möchte und darüber mich selbst vergesse. Das kann gelegentlich extreme Formen annehmen, wobei ich immer nervöser und angespannter werde und völlig neben mir bin. Ich bin nicht mehr in meinem Körper, bin nicht mehr auf der Erde. Mein Kopf wird übervoll und ich finde keinen Ausweg.

Was macht man in einem solchen Zustand? Rufen Sie: Stopp! und ziehen Sie sich zurück. Sagen Sie alle Termine, die nicht unbedingt eingehalten werden müssen, ab. Sie werden feststellen, dass es meistens auch der Gegenpartei gut passt, wenn Sie einen Termin verschieben. Arbeiten Sie? Nehmen Sie sich einen oder zwei Tage Urlaub.

Geben Sie sich ganz sich selbst hin oder besser gesagt: Geben Sie sich an sich selbst zurück. Entspannen Sie sich: Sie sind zu Hause! Wenn Sie möchten, legen Sie sich hin und ziehen Sie die Decke über den Kopf. Dadurch werden Sie sich herrlich geborgen fühlen. Sie schützen sich vor der großen Welt. Sie können das als eine Möglichkeit betrachten, Ihre Energie zu regenerieren. Ruhe, Stille und ein warmes Bett können wahre Wunder wirken. Genießen Sie es und entspannen Sie sich.

GEHEIMNIS 47

Sie verdienen es, glücklich zu sein

Mir hilft es beispielsweise, wenn ich mich darauf besinne, die Dinge zu tun, die mir gut tun. Deshalb notiere ich in meinem Kalender: Zeit zur Entspannung! Zeit für mich!

Am Ende eines Tages sitzen mein Mann und mein Sohn oft auf der Couch vor dem Fernseher. Meistens mache ich einen Tee, um diesen gemeinsamen Moment nach all dem Trubel zu genießen. Bis vor kurzem blieb ich auch vor dem Fernseher sitzen, manchmal schlief ich dabei ein, weil die Programme, die den beiden gefallen, mich meist nicht interessieren. Derzeit stehe ich nach dem Tee auf und ziehe mich zurück. Es fällt mir auf, dass mir immer wohler ums Herz ist, wenn ich das tue, was ich fühle.

Es passiert manchmal, dass man in Panik gerät, wenn man sehr viel um die Ohren hat. Beenden Sie dann Ihre momentane Tätigkeit und machen Sie zwischendurch etwas ganz anderes. Ein kurzer Spaziergang beispielsweise kann wunderbar für Abstand sorgen. Die Energie beginnt wieder zu strömen und Sie haben neue Ideen.

GEHEIMNIS 48

Schaffen Sie sich eine bessere Wirklichkeit

Vor einigen Jahren hatte ich eine Phase, in der mir nichts mehr von der Hand gehen wollte. Ich kam in einen Zustand, in dem ich es mir nicht mehr zutraute, irgendwelche Entscheidungen zu treffen. Ich schob alles vor mir her, und je mehr ich das tat, desto schlechter ging es mir. Ich erkannte, dass ich in einem Angstkreislauf gefangen war.

Bei jeder Unternehmung, die ich ins Auge fasste, ging mir sofort durch den Kopf, was alles schief gehen könnte, und ich ließ die Sache lieber sein. Da ich mich zu nichts mehr in der Lage fühlte, wurde ich gleichzeitig immer kraftloser. Es ging so weit, dass ich mich nicht mehr auf die Straße wagte. Ich stellte mir vor, auf der Straße ohnmächtig zu werden und kein Mensch wäre da, um mir zu helfen. Eines Tages rief mich ein befreundeter Schriftsteller an und ich erzählte ihm, wie mir zumute war. Er empfahl mir, trotz allem rauszugehen. Ich nahm mir vor, meine Eltern in Den Haag zu besuchen. Zu dieser Zeit war das so etwas wie eine Weltreise für mich. Als ich endlich im Zug saß, ging mir durch den Kopf, dass dies wahrscheinlich der letzte

Tag meines Lebens sein würde. Ich blickte zum Fenster hinaus, sah die Schafe auf den Wiesen und dachte mir: Vielleicht sehe ich heute zum letzten Mal diese Schafe. In der Nähe von Leiden wurde ich derart von Panik ergriffen, dass ich aus dem Zug ausstieg und eine ältere Dame um Hilfe bat. Ich fragte sie: »Können Sie mir helfen, ich fühle mich nicht gut?« Sie sah mich an, als wäre ich verrückt, und wendete sich ab. Das war genauso, als wäre meine Angst Wirklichkeit geworden. Später wurde mir bewusst, dass das auch tatsächlich der Fall war. So unglaublich es vielleicht klingen mag: Wir schaffen uns unsere eigene Wirklichkeit selbst. Wenn wir in Panik geraten, ist es am besten, alles zum Stillstand zu bringen. Stopp!

Ziehen Sie sich zurück und versuchen Sie, sich Ihre Angst genau anzusehen. Wovor haben Sie Angst? Was könnte im schlimmsten Fall geschehen? Sprechen Sie mit Ihrer Angst: Gut, ich sehe dich, ich nehme dich mit, ich umarme dich, und wir setzen jetzt gemeinsam unseren Weg fort. Wenn Sie das machen, sind Sie größer als Ihre Angst.

GEHEIMNIS

49

Glauben Sie an sich

Wenn du nicht an dich selbst glaubst, wird niemand an dich glauben.

Es gibt Zeiten, in denen wir schon so viel Energie an andere abgegeben haben, sodass nur wenig für uns selbst übrig bleibt. In solchen Momenten sollten wir uns fragen: Was brauche ich? Wie komme ich hier wieder heraus? Was kann ich tun und was sollte ich möglichst nicht mehr tun? Was gibt mir Energie und was raubt sie mir? Nehmen Sie sich dafür Zeit. Die folgenden Übungen helfen Ihnen, an Ihre eigene Kraft heranzukommen. Wenn man die eigene Kraft spüren kann, fällt es einem leichter, an sich selbst zu glauben und Vertrauen zu haben.

Was gibt mir Kraft?

Setzen Sie sich hin und halten Sie Papier und Stift bereit. Schließen Sie die Augen und fragen Sie sich: Was gibt mir Kraft? Schreiben Sie nach-

einander alles auf, was Ihnen dazu einfällt, ohne darüber zu urteilen. Nehmen Sie bewusst wahr, was in Ihrem Körper geschieht, wenn Sie Ihre Aufzählung erneut lesen. Spüren Sie Wärme und Energie?

Was nimmt mir Kraft?
Schließen Sie nun wieder die Augen und fragen Sie sich: Was nimmt mir Kraft? Schreiben Sie alles auf und urteilen Sie nicht. Lassen Sie Ihr Herz sprechen. Nehmen Sie nun auch bewusst in Ihrem Körper wahr, welche Gefühle es auslöst, wenn Sie das Geschriebene lesen.

Im Besitz Ihrer vollen Kraft
Wenn Sie einmal wissen, wie es ist, im vollen Besitz Ihrer Kraft zu sein, können Sie dieses Gefühl in jedem x-beliebigen Moment des Tages hervorrufen, indem Sie an etwas denken, was Ihnen Kraft gibt. Eine weitere Möglichkeit ist es, sich an einem Symbol für Kraft und Energie festzuhalten oder eines bei sich zu tragen.

GEHEIMNIS 50

Richtig entspannen vor einem Bewerbungsgespräch

In der heutigen Zeit ist es keine einfache Sache, sich um eine neue Arbeitsstelle zu bewerben. Sie wissen, dass es außer Ihnen viele weitere Interessentinnen und Interessenten gibt, und das allein kann schon zu Gefühlen der Unsicherheit führen. Das Wichtigste ist eine gründliche Vorbereitung, und das so früh wie möglich. Nehmen Sie alles mit, wovon Sie glauben, dass es beim Gespräch eine Bedeutung haben könnte. Auch Ihr äußeres Erscheinungsbild sollten Sie einige Tage vorher festlegen. Sie sollten genau wissen, was Sie anziehen werden. Für Frauen gilt: je mehr nackte Haut, desto weniger Macht!

Wenn Sie einen Eindruck von der Firma und den Menschen dort gewinnen möchten, könnten Sie einmal inkognito hingehen. Sollten Sie nach mehreren Gesprächen zu den letzten drei oder vier Kandidaten gehören, ist Ihre Erfolgsaussicht sehr groß. Falls man Ihnen nach dem ersten Gespräch mitteilt, dass die Wahl nicht auf Sie gefallen ist, grämen Sie sich nicht. Eine nächste Chance wird kommen. Ich habe selbst festgestellt, wenn man irgendwo abgelehnt wird, liegt das oftmals daran, dass etwas Besseres nachkommt. Das habe ich auch bei meinen Schülern beobachtet, von denen sich manche ein Jahr ohne Erfolg bewarben und dann plötzlich einen Job bekamen, der wie für sie gemacht war!

Je mehr Klarheit Sie über Ihre Fähigkeiten und Qualitäten besitzen, desto besser ist es. Die meisten Firmen wissen sehr genau, welche Person sie auf einer Stelle brauchen. Wenn Sie also nicht genommen wurden, passen Sie möglicherweise nicht hundertprozentig auf die Stellenbeschreibung, und Sie werden etwas Geeigneteres finden. Es gibt ein breites Angebot an Kursen, in denen Sie lernen können, sich richtig zu bewerben. Die hier vorgestellten praktischen Übungen werden Ihnen sicher auch weiterhelfen. Bevor Sie sich also auf den Weg zum Vorstellungsgespräch machen, können Sie die folgenden Übungen machen, sie helfen gegen Nervosität.

Atemübung

Diese Übung sollten Sie vorzugsweise im Freien oder vor einem geöffneten Fenster durchführen. Setzen Sie sich in bequemer Haltung mit aufrechtem Rücken hin. Schließen Sie die Augen. Legen Sie die linke Hand unterhalb des Nabels auf Ihren Bauch und die rechte über die linke Hand. Spüren Sie, ob sich Ihr Bauch beim Einatmen wölbt und beim Ausatmen zusammenzieht. Falls das nicht der Fall sein sollte, versuchen Sie diese Methode:

Einatmen. Beim Ausatmen bis 7 zählen und dabei den Bauch einziehen.
Einatmen. Beim Ausatmen bis 7 zählen und den Bauch entspannen.
7-mal wiederholen.

Das Gespräch beginnen

Beginnen Sie das Gespräch mit einem Kompliment für die Firma oder die Institution. Das ist die beste Gesprächseröffnung überhaupt.

Während des Gesprächs

Stellen Sie sich beim Sitzen Ihre Beine so schwer wie Baumstämme vor. Nehmen Sie Ihre Beine bewusst wahr und konzentrieren Sie sich immer wieder auf Ihre Atmung. Wenn Sie nervös werden, können Sie sowohl beim Einatmen als auch beim Ausatmen bis 7 zählen.

GEHEIMNIS

51

Geben Sie sich die Chance, anders zu reagieren

»Der Mensch leidet am meisten unter den Leiden, die er fürchtet«, besagt ein bekanntes Sprichwort. Diese Aussage trifft genau den Kern der Wahrheit. Wenn wir ohne Vorurteile durchs Leben gehen, leiden wir auch weniger. Wenn Ihre Eltern Sie nicht respektiert haben, muss das noch nicht heißen, dass Sie selbst sich auch nicht respektieren können. Wenn Sie die Führerscheinprüfung beim ersten Mal nicht bestanden haben, ist die Wahrscheinlichkeit, dass Sie beim zweiten oder dritten Versuch bestehen, sehr groß. Wir lassen die Angst selbst zu und liefern uns ihr aus. Wir können unsere Angst aber auch umarmen, mit ihr sprechen und sie loslassen. Wir können ihr sagen: Ich weiß, dass du da bist; das ist auch in Ordnung; ich spüre dich sehr wohl, aber dennoch stelle ich mich dieser Konfrontation.

Nachdem ich mit vielen Leuten, die unter Flugangst litten, gearbeitet habe, bekam ich selbst Flugangst. Plötzlich musste ich meine eigene Methode gegen Flugangst bei mir selbst anwenden. Nach meinem Empfinden war das wie eine kosmische Lektion. »Walk your talk!«, sagen die Indianer, oder: »Lebe, was du predigst!« Ich habe ganz bewusst eine Flugreise gebucht und Folgendes gemacht: Nachdem ich sicher und angeschnallt auf meinem Sitz saß, nahm ich mit geschlossenen Augen und gefalteten Händen eine gerade Sitzhaltung ein. Ich stellte mir vor, ich würde ein großes Kreuz aus Licht über das gesamte Flugzeug machen, von vorn nach hinten und über die Flügel. Das machte ich insgesamt 3-mal. Dann bat ich alle spirituellen Meister, Heiligen und Propheten darum, unser Flugzeug, den Piloten, den Kopiloten, die Stewardessen und alle Passagiere zu beschützen. Diese Bitte sprach ich ebenfalls 3-mal aus. Nachdem ich das gemacht hatte, genoss ich den Flug. Diese Vorbereitung half mir dabei, meine Angst loszulassen und den Verlauf des Fluges dem Universum zu überlassen. Bei mir funktioniert das wunderbar. Sie können sich eine eigene Visualisierung einfallen lassen und sich ein Gebet überlegen, bei dem Sie sich gut fühlen und dann: Geben Sie sich hin und genießen Sie.

Vergleichen Sie sich einmal mit einer Schallplatte und deren Rillen. Die Rillen stellen den Teil der Platte dar, der eine bestimmte Musik hervorbringt. Wenn Sie aber neue Rillen auf der Platte anbringen, ändert sich auch die Musik. Programmieren Sie sich auf eine Art und Weise neu, die Sie glücklich macht. Um wirklich glücklich zu werden, müssen wir vieles von dem, was wir gelernt haben, überarbeiten und uns im Umgang mit den Hindernissen im Leben neue Verhaltensweisen aneignen. Verhaltensweisen, die besser dazu passen, wie wir heute sind.

GEHEIMNIS

52

Freunde I

Oh, I get by with a little help
from my friends,
mm, I get high with a little help
from my friends …

The Beatles, 1967

Nie werde ich vergessen, wie ich zum ersten Mal ohne meine Eltern nach Amerika reiste, um Freunde zu besuchen. Die hatten gerade die neueste Platte der Beatles mit dem Titel »With a little help from my friends« gekauft. Wir schoben spontan alle Tische und Stühle zur Seite und tanzten wild drauf los. Das fantastische Gefühl von Ekstase füllte den Raum, während wir uns miteinander zur Musik bewegten. Heute, 30 Jahre später und immer deutlicher die Vergänglichkeit des Lebens spürend, auch weil mein 86-jähriger Vater im Krankenhaus liegt, fühle ich mich dennoch glücklich und zufrieden. Die Unterstützung durch meine Freunde spielt dabei ein sehr wichtige Rolle. Der

Umgang mit lieb gewordenen Menschen ist lebenswichtig. Auch wenn man einen Partner hat und Kinder, und einer Arbeit nachgeht, haben enge Freundschaften im Leben eine wichtige Funktion. Freunde sind gleichgesinnte Seelen, die einen Teil der Reise durch das Leben mit einem gehen. Dadurch, dass Sie sich Zeit für Ihre Freunde nehmen, entsteht eine Art von Netz, in das Sie sich fallen lassen können. Je älter ich werde, desto mehr erkenne ich den Wert von Freundschaft. Einer der Gründe, warum Menschen gestresst sind, liegt darin, dass sie die Betonung nur auf eine Seite ihrer Persönlichkeit legen. Dieser Umstand geht meist Hand in Hand mit einer Vernachlässigung der anderen Seiten der Persönlichkeit. Wenn wir Gesundheit als ein Gleichgewicht definieren, können Sie sich der verschiedenen Aspekte Ihrer Persönlichkeit bewusst werden und wie viel Zeit und Energie Sie dafür aufwenden. (Sehen Sie dazu auch Geheimnis 39.)

Es ist schwierig, in einem arbeitsreichen Leben Zeit für Freunde zu reservieren. Sie können es allerdings auch als Investition in sich selbst betrachten, wodurch Sie einen Zugewinn an Energie für Ihre Familie und/oder Ihre Arbeit erreichen.

Tipp

Reservieren Sie in Ihrem Kalender bewusst Zeit für Freunde. In dem dafür bestimmten Freiraum können Sie – je nach momentaner Situation – mit Freunden telefonieren oder sich mit Freunden treffen.

GEHEIMNIS 53

Freunde II

Das Leben ist von der Geburt bis zum Tod ein fortwährender Veränderungsprozess. Das heißt, dass wir ständig bereit sein müssen, Altes loszulassen, um Platz für Neues zu schaffen. Das gilt natürlich auch für unsere Freunde. Ein wahrer Freund oder eine wahre Freundin ist ein Mensch, der Sie mit Ihren guten und schlechten Seiten akzeptiert. Was wir von unseren Freunden erwarten, ist eigentlich so etwas wie bedingungslose Liebe. Das ist nicht so einfach. Eine Möglichkeit wäre, zu versuchen, unseren Freunden diese Liebe entgegenzubringen, ohne zu erwarten, dasselbe zurückzubekommen. Liebe ist frei, und wenn Sie genügend Liebe in sich haben, können Sie viel geben. Liebe schafft mehr Liebe. Seien Sie offen für die Liebe in Form von Freundschaft. Wenn Ihre Freunde nicht mit Ihnen wachsen können, müssen Sie sie vielleicht vorübergehend loslassen, um Raum für die Menschen zu gewinnen, die Ihnen zu diesem Zeitpunkt Unterstützung bieten können. Das bedeutet nicht, dass Sie Ihre alten Freunde fallen lassen, sondern dass Sie sie derzeit in Ruhe lassen. Vielleicht kehrt sie – wenn es sich um eine wahre Freundschaft handelt – später wieder in Ihr Leben zurück, vielleicht auch nicht. Es ist sehr schmerzhaft, Freunde loszulassen. Schon allein deshalb sollten Sie sich, wenn es geht, mit allen Möglichkeiten für den Erhalt einer Freundschaft einsetzen. Kommt es dennoch zu einer Entfremdung, lassen Sie los und vertrauen Sie, dass neue Menschen, die Ihnen gut tun, in Ihr Leben treten werden, und dass Ihr alter Freund oder Ihre alte Freundin vielleicht später auf andere Art in Ihr Leben zurückkommt.

GEHEIMNIS 54

Schmerz annehmen

Schmerz ist ein unumstößlicher Bestandteil unserer Realität. Die meisten von uns verbringen einen Großteil ihres Lebens damit, Schmerz zu vermeiden oder zu leugnen. Schmerz entsteht durch Illusion. Das Problem für uns ist, dass unsere westliche Gesellschaft ihre Existenz zu einem wesentlichen Teil Illusionen verdankt. Da ist die illusorische Vorstellung, ewig jung bleiben zu müssen, oder als einziger Mensch zu wissen, wie der Partner glücklich werden kann, oder alle Wünsche vom eigenen Partner erfüllt bekommen zu müssen. Die Annahme, dass das neue Auto oder das nächste Fernsehgerät uns wirkliche Befreiung schenken wird, ist ebenfalls eine Illusion. Alles auf Erden ist von vorübergehender Natur. Sogar unseren Körper werden wir einmal loslassen müssen. Können wir mit dem Dauerschmerz des Loslassens leben? Warum nicht? Je besser wir in der Lage sind, den »Schmerz des Lebens« zu akzeptieren, desto mehr Freude können wir zulassen. Dadurch wird letztlich wahre Harmonie erzeugt. Wenn wir wie das Wasser im Fluss werden, das fortwährend auf seinem Weg zum Meer dahinfließt – auch wenn sich ihm Felsblöcke in den Weg stellen, fließt es beharrlich weiter –, dann werden wir die Stille in unserem Herzen spüren und erkennen, dass wir uns – genauso wie der Fluss – auf dem Weg zu unserem Ziel befinden, nämlich das zu werden, was wir tief in unserem Innern sind.

Affirmation für schwierige Zeiten

Ich bin wie das Wasser im Fluss, das immer weiterfließt auf dem Weg zum Ozean der Liebe.

GEHEIMNIS

55

Mit Schmerzen anders umgehen

Ein Mensch, der sowohl Freude als auch Kummer annehmen kann, ist ein ganzer Mensch.

Freude und Trauer sind die beiden Seiten einer Medaille. Erst wenn wir unsere Schattenseiten wirklich akzeptieren können, können wir heil werden. Dann erst befinden wir uns in unserer Mitte, unabhängig von Situationen und Personen. Wir haben erkannt, dass jeder Mensch eine Sonnen- und eine Schattenseite hat. Sobald wir unseren eigenen Schatten akzeptieren, sind wir auch viel besser in der Lage, den Schatten der anderen zu akzeptieren. Wir stehen dann in Beziehungen auf gleicher Höhe nebeneinander und leben aus eigener Kraft.

Gefühle erleben wir als angenehm, schmerzhaft oder neutral. Wir können lernen, sie anzuerkennen, sie willkommen zu heißen und auch wieder loszulassen. Wenn wir erkannt haben, dass wir uns in einem dauernden Veränderungsprozess befinden, wird uns auch bewusst, dass unsere Gefühle unbeständig sind. Wenn wir das verstehen, können wir uns distanzieren. Das heißt *nicht* verleugnen, sondern wirklich fühlen, begrüßen und weitergehen.

Wenn uns unsere Gefühle überfordern, bieten sich die folgenden Übungen an. Sie zeigen Ihnen, wie Sie mit schmerzhaften Gefühlen besser zurecht kommen können. Sie können sich Ihre Gefühle vorstellen wie Wellen im Meer: Sie erscheinen und verschwinden dann wieder im Meer der Stille, aus dem sie hervorkamen.

Den Schmerz ausatmen

Setzen Sie sich mit aufrechtem Rücken hin. Schließen Sie die Augen und nehmen Sie beim Einatmen bewusst den Schmerz wahr und lassen Sie ihn beim Ausatmen mit einem Lächeln los. Begrüßen Sie Ihren Schmerz und lassen Sie ihn dann gehen.

Innere Ruhe

Diese Übung lässt sich eigentlich überall ausführen. Sie werden sich eines Gefühls, vielleicht Angst oder Traurigkeit, im Moment des Auftretens bewusst. Beim Einatmen nehmen Sie das Gefühl wahr und beim Ausatmen lassen Sie es mit einem Lächeln los. Sie können beim Üben beide Hände auf dem Unterbauch, unterhalb des Bauchnabels, ruhen lassen. Diese Haltung vertieft Ihre innere Ruhe.

GEHEIMNIS 56

Entspannen Sie sich, Sie sind o. k.

Die meisten Menschen haben das Gefühl, nicht zu genügen. Ich dachte früher, dass hauptsächlich Frauen davon betroffen seien, aber verschiedene gute Freunde räumten ebenfalls ein, das Gefühl zu kennen.

Das Ganze fing vor langer Zeit an, als Sie als Kind Ihrer Lehrerin das wunderschöne Bild, das Sie gemalt hatten, zeigten, und diese Sie missbilligend ansah und »Ja, schön« sagte. Aber Ihr Bild kam nicht ganz vorn an die Tafel, wo die anderen Bilder hingen. Sie fühlten sich elend, vielleicht haben Sie nie wieder etwas gemalt. Oder hatten Sie in der Sportstunde vielleicht Angst vor dem Ball und wurden deshalb immer als Letzte ins Team gewählt? Obwohl Sie möglicherweise sehr gut schwimmen oder tanzen konnten, aber der Sportunterricht, oje, der war verhängnisvoll. Oder Ihre Mutter sagte immer zu Ihrer Schwester, wie schön sie sei. Sie dachten daraufhin, Sie seien hässlich.

Jetzt sind Sie erwachsen, Sie haben die Fähigkeit, eine wichtige Rolle an Ihrem Arbeitsplatz, in Ihrer Familie oder in der Gesellschaft zu übernehmen. Vielleicht sind Sie ja bereits sehr erfolgreich, nur warum taucht dann immer mal wieder dieses nagende Gefühl auf?

Entspannen Sie sich, Sie sind, wer Sie sind! Sie sind ok. In manchen Dingen sind Sie sehr gut. Versuchen Sie, sich auf diese Dinge zu konzentrieren, anstatt auf Gebiete, die Ihnen weniger liegen. Richten Sie Ihren Blick auf das, was Sie haben, anstatt auf das, was Ihnen fehlt. Wenn Sie früher Angst vor dem Ball hatten, könnten Sie heute Squash-Stunden nehmen. Und wenn Sie früher nicht malen konnten, könnten Sie es heute wieder versuchen. Machen Sie, was Sie wollen! Lassen Sie es nicht zu, dass alte Muster Ihr heutiges Leben so stark beeinflussen. Wenn Ihnen das schwer fällt, können Sie sich an einen guten Therapeuten wenden oder sich einer Selbsthilfegruppe anschließen und lernen, sich neu zu »programmieren«, sodass Sie aus Ihrem Leben alles herausholen, was möglich ist.

Leer wie ein Spiegel sein – Meditation

Die folgende Haltung eignet sich gut zum Meditieren: Setzen Sie sich im Schneidersitz hin, die Beine gekreuzt, den Rücken so gerade wie möglich (kein Hohlkreuz machen). Legen Sie die linke Hand in den Schoß, sodass die Handfläche nach oben zeigt. Den Handrücken der

rechten Hand legen Sie dann in die linke Handfläche. Atmen Sie einige Male langsam ein und aus. Konzentrieren Sie sich vollständig auf den Atem und lassen Sie alles, alle Gedanken, alle Gefühle, alle Geräusche, ohne Widerstand durch sich hindurchgehen. Seien Sie wie ein Spiegel. Ein Spiegel bleibt er selbst, ungeachtet dessen, was in ihm reflektiert wird. Während dieser Meditation, die aus dem Zen-Buddhismus stammt, wird Ihnen im Lauf der Zeit auffallen, dass die Zeitspannen, in denen Sie weder Gedanken noch Gefühle haben, immer länger werden. Somit erleben Sie wirkliche Ruhe.

GEHEIMNIS

57

Spannungsabbau bei Aggression

Aggression ist eine Emotion, mit der wir alle in Berührung kommen. Es gibt eine gesunde Seite der Aggression, die Energie spendet und dafür sorgt, dass wir uns durchkämpfen, wenn wir das wollen. Der römische Kriegsgott Mars wurde deshalb in der Antike sehr verehrt. Er wurde zugleich als Siegesgott gerühmt. Der wahre Sieg erfolgt dann, wenn wir unsere Impulse gezielt einsetzen können, anstatt damit beschäftigt zu sein, auf andere zu reagieren. Vor einigen Jahren brachte mir ein Taxifahrer in Utrecht eine weise Lektion bei. Ich habe ihn gefragt, ob er gelegentlich Ärger im Straßenverkehr durch aggressives Verhalten erlebe und wie er damit umgehe. Er erzählte mir, dass er immer, wenn er auf sehr aggressive Menschen treffe, die aus ihrem Auto heraus einen Streit mit ihm provozieren wollen, sie freundlich ansehe, seinen Daumen hochhalte und ein Kompliment ausspreche wie etwa: »Ein schönes Auto haben Sie!« Die Menschen, die auf Streit aus waren, wären daraufhin derart verblüfft, dass sie einfach ihre Fahrt fortsetzten. Durch seine Komplimente fühlten die Streitlustigen sich geschmeichelt. Eine andere Stimmung machte sich bei ihnen breit und ihre Aggressionen lösten sich auf.

Übungen für einen entspannten Umgang mit Aggression

Wenn jemand wütend auf Sie wird – berechtigt oder unberechtigt –, versuchen Sie, sich davor zu verschließen, indem Sie einen imaginären Spiegel vor sich platzieren. Konzentrieren Sie sich auf Ihre Atmung, um sich in erster Linie selbst zu schützen. Hüten Sie sich davor, Öl ins Feuer zu gießen. Hinter Aggressionen verbergen sich häufig Gefühle der Trauer und Ohnmacht. Der erste Schritt besteht darin, diesen Umstand bei der betreffenden Person zu erkennen und das auch deutlich zu machen: »Ich sehe, dass Sie wütend sind.« Bemühen Sie sich, herauszufinden, welche Emotion hinter der Wut steckt. Ist es Trauer? Meistens ja, Trauer oder ein Gefühl der Ohnmacht. Das Problem ist nicht, dass jemand Johann die Zeitung weggenommen hat, sondern dass es zum x-ten Mal passierte, dass ihm jemand etwas wegschnappte. Der Ursprung für Wut, Trauer und Ähnliches liegt oft in der Vergangenheit eines Menschen begründet. Diese Gefühle können jedoch sein Verhalten im Erwachsenenalter immer noch stark prägen. Das Wichtigste und auch das Schwierigste ist, die Aggression nicht auf sich zu beziehen. Versuchen Sie, ganz in Ihrem Zentrum zu bleiben und lassen Sie sich nicht mitreißen.

Sich erden
Nehmen Sie einen festen Stand ein, die Füße etwa im Abstand einer Schulterbreite. Kippen Sie das Becken. Empfinden Sie, wie Ihre Beine und Füße schwer werden. Atmen Sie in Gedanken über Ihre Füße ein und aus. Daraus erwächst ein Gefühl der Stabilität. Legen Sie die Hände auf den Unterbauch und atmen Sie ruhig in den Bauch hinein.

Erdungsübung für zwei Personen
Um zu überprüfen, ob Sie fest mit den Beinen auf dem Boden stehen, können Sie die Übung mit einem Partner ausprobieren. Sie lassen Ihre Beine und Füße schwer werden und der Partner versucht, Sie umzustoßen. Legen Sie Ihren Schwerpunkt unter den Bauchnabel. Wenn Ihnen das gut gelingt, kann Sie niemand so leicht umstoßen.

Befreien Sie sich von negativer Energie. Das Geheimnis 79 ist dazu ebenfalls bestens geeignet.

GEHEIMNIS 58

Es gibt keinen Weg zur Entspannung, Entspannung ist der Weg

Jeder Mensch wird täglich mit Angst konfrontiert. Es ist nicht genau geklärt, woher sie kommt, sicher ist aber, dass niemand völlig frei von Angst ist. Ihre persönliche Einstellung zu Angst können Sie selbst bestimmen, und das wirkt sich auf alles, was Sie unternehmen, aus. Sie sind der Chef und die Angst ist Ihnen untergeordnet. Sie könnten Ihr Leben mit einem Kristall, der aus einem Fels wächst, vergleichen. So wie Sie Ihr Leben gestalten, kristallisieren Sie etwas, das Ihnen gegeben wurde, bestimmen Form und Richtung. Sie besitzen Ihr Leben und Ihre Gesundheit. In welche Richtung möchten Sie sich bewegen? Was haben Sie mit der Zeit vor, die Sie bekommen haben? Unser Leben und unsere Gesundheit sind Geschenke. Wir wissen nie, wann der Tod uns ruft, und wenn er es tut, dann ist alles vorbei, zumindest das Leben in der Form, wie wir es jetzt kennen. Deshalb ist es so wichtig, etwas Positives aus Ihrem Leben zu machen. Je mehr Sie aus jedem einzelnen Tag herausholen, desto mehr inspirieren Sie sich und andere. Sobald Sie eine bestimmte Lektion gelernt oder eine gewisse Einsicht erlangt haben, können Sie sie an andere weitergeben und auf diesem Weg einen positiven Energiefluss in der Welt erzeugen.

Erinnerungsübung
Versuchen Sie, sich an jene Momente in Ihrer Kindheit zu erinnern, als Sie überaus stolz auf sich waren. Das ist ein wichtiger Schlüssel zum Erlangen neuer Einsichten in Ihre Stärken und Vorlieben.

Bewusstwerdungsübung
»Wie möchte ich in Erinnerung bleiben?« Diese Frage kann Ihnen viel Einsicht schenken. Halten Sie die Antwort schriftlich und mit Datum fest. Lassen Sie Ihrer Kreativität freien Lauf und werten Sie nicht!

Um Hilfe bitten
Bitten Sie vor dem Einschlafen um Hilfe in Ihren Träumen. In Ihrem Unterbewusstsein ist eine Menge an Information gespeichert, die Sie sich zunutze machen können. Vertrauen Sie Ihren eigenen Weisheitsquellen.

GEHEIMNIS

59

Machen Sie Komplimente

Woran liegt es, dass wir viel eher geneigt sind, uns Kritik anzuhören, als ein Kompliment anzunehmen? Das hängt mit alten negativen Mustern zusammen. Als Kind waren wir von unseren Eltern abhängig. Die Haltung, die sie uns entgegenbrachten, war ausschlaggebend dafür, wie wir uns fühlten. Kritisierten sie uns, fühlten wir uns schlecht. Und wenn so etwas häufig geschieht, führt es zu einem negativen Selbstbild, was die meisten von uns haben. Wir lieben uns selbst nicht, weil unsere Eltern nicht perfekt waren und uns nicht bedingungslos lieben konnten. Unsere Eltern wiederum wurden von ihren Eltern auch nicht bedingungslos geliebt und haben selbst mit einem negativen Selbstbild zu kämpfen. Wie lässt sich dieser Teufelskreis durchbrechen? Indem wir viel an uns arbeiten.

Es kann sein, dass man viele Jahre lang gar nicht bemerkt, dass man ein schlechtes Selbstbild hat. Meistens tritt das erst in einer Krisensituation zutage. Vor einigen Jahren lernte ich bei einem Meditationswochenende ein außergewöhnliches Ehepaar kennen. Beide waren Psychologen von Beruf und hatten drei gemeinsame Kinder. Der Mann hatte urplötzlich einen Unfall und starb. Seine Frau, die bis dahin sehr ausgeglichen war, kam in eine tiefe Krise. Sie schaffte es nicht mehr, für ihre Kinder zu sorgen.

Sie rief an und bat mich um Hilfe. Obwohl ich sie nicht gut kannte, konfrontierte sie mich mit ihrer großen Tragödie. Ich wollte ihr helfen und gleichzeitig fühlte ich mich in der Situation, die ich vorfand, als ich sie besuchte, ohnmächtig. Sie hatte zwei Kleinkinder und ein Baby. Nachbarn und Freunde betreuten sie, so gut es ging, aber sie war völlig niedergeschlagen. Sie wollte am liebsten sterben. Der Psychiater, bei dem sie in Behandlung war, tat, was er konnte, aber sie wollte einfach nicht mehr leben. In einem unbewachten Augenblick beging sie Selbstmord. Obwohl ich sie erst zwei Mal gesehen hatte, war ich untröstlich. Ich dachte mir: Warum schaffte sie es nicht, die Zeit ihre Wunden heilen zu lassen? Aber es sollte nicht sein. Während der Bestattung stellte sich ihr Vater neben den Sarg und sagte weinend: »Ich wollte dir schon immer einmal sagen, wie stolz ich auf dich war.« Ich war wütend! Ich dachte: Warum erst jetzt? Das hätte vielleicht alles verhindern können, wenn er das vor einer Woche gesagt hätte!

Ich nahm mir vor, künftig meinem Sohn, aber auch meinem Mann, meinen Schülern und allen Menschen in meiner Nähe aufrichtige Komplimente zu machen, wenn mir danach wäre. Komplimente haben eine heilende und entspannende Wirkung auf die Adressaten.

Tipp

Sprechen Sie jemandem ein Kompliment aus, wenn Ihnen danach zumute ist. Es ist wunderschön zu sehen, welche Freude man einem Menschen damit macht.

GEHEIMNIS 60

Entspannt zu sein heißt, natürlich zu sein

Ich kenne zwei alte weise Frauen, von denen jede fast 100 Jahre alt ist. Wenn ich sie besuche, bemerke ich immer wieder, dass sich mein Rhythmus automatisch verlangsamt und welch heilsame Wirkung das jedes Mal auf mich hat. Bei den beiden fühle ich mich vollkommen eins mit mir, aufgenommen in einem warmen Gebiet der Stille. Die eine von ihnen spricht fast nichts. Sie verweilt in Meditation, und man kann sich zu ihr setzen und die Augen schließen. Sonst ist nichts weiter erforderlich. Das Sitzen in der Stille dauert meistens eine Stunde lang und wird durch nichts gestört, außer wir lesen einen inspirierenden Text. Nach der Meditation trinken wir Kaffee und essen Gebäck. Jedes Mal fällt mir der Rhythmus dieser beiden Frauen auf, der unerschütterlich und immer geruhsam ist.

Vielleicht haben Sie bei sich auch schon festgestellt, dass Sie ein Gefühl des Neben-sich-Stehens überkommt, wenn Sie angespannt sind, sich depressiv oder traurig fühlen. Ihr Rhythmus ist gestört. Das können Sie auch an Ihrer Atmung ablesen, wenn Sie einmal darauf achten. Wichtig ist vor allem, dass Sie Stopp! rufen, wenn Sie bemerken, dass Sie sich in diesem Zustand befinden.

Tipp

Wie stellen Sie Ihren persönlichen Rhythmus fest? Setzen Sie sich an einen ruhigen Platz. Schließen Sie die Augen, legen Sie Ihre Hände auf den Unterbauch und versuchen Sie, den Rhythmus Ihrer Atmung zu entdecken.

Sie werden beobachten, wie Ihre Atmung langsam ruhiger wird und Sie zu Ihrem natürlichen Rhythmus finden. Genießen Sie ein paar Minuten lang die heilende Stille, die immer in Ihrem Innern ist und nur darauf wartet, dass Sie sich die Zeit nehmen, sie zu hören.

GEHEIMNIS 61

Niemand ist vollkommen

Beim Drang zur Perfektion geht es zunächst um die gesunde Motivation, das, was man macht, gut machen zu wollen. Aber bei den Menschen, die sich übernommen haben, handelt es sich oft um Personen, die alles zu perfekt machen wollen und zu sich selbst am strengsten sind. In meiner eigenen Persönlichkeit spielt die »Perfektionistin« eine wichtige Rolle, und sie ist dabei nicht immer gerade freundlich. Wenn man beispielsweise an einer wichtigen Sache arbeitet, kann es geschehen, dass man aufgrund des Perfektionszwangs so verstrickt in seine Arbeit ist, dass man keine Rücksicht mehr auf andere und letztlich auch nicht auf sich selbst nimmt.

Als ich einmal mit einem für mich wichtigen Projekt intensiv beschäftigt war, las mir ein Freund ein wunderschönes Märchen vor, wobei ich ganz schrecklich weinen musste:

Es waren einmal ein Mann und eine Frau, die eine Segelmacherei betrieben, wobei der Mann die Segel verkaufte, und die Frau die Segel fertigte. Eines Tages kam ein Kunde zu ihnen und bestellte ein sehr großes

Segel. Das geschah genau zu dem Zeitpunkt, in dem es bereits sehr viele Vorbestellungen gab. Die Frau musste also täglich viele Stunden arbeiten, um die bestellte Ware herzustellen. Der Mann besprach die Situation mit seiner Frau. Er sagte, dass sie noch nie ein so großes Segel hätten fertigen dürfen und dass es außerdem viel Geld einbringen würde. Die Frau antwortete, sie habe bereits Schwierigkeiten, die vorbestellte Ware zu liefern, und in ihren Augen sei es nicht vernünftig, den Auftrag zusätzlich anzunehmen, aber ihr Mann tat es dennoch. Die Frau begann, an dem großen Segel zu arbeiten. Sie schloss sich in ihrer Werkstatt ein und arbeitete pausenlos. Sie kam nicht mehr nach draußen. Nach einigen Wochen sagte sie, sie habe nun keine Zeit mehr, mit der Familie zu essen, und so brachte ihr Mann das Essen in die Werkstatt. Nach einiger Zeit, als das Segel immer noch nicht fertig war, ging sie auch nicht mehr in ihr Bett. Sie arbeitete den ganzen Tag und die ganze Nacht hindurch.

An dem Morgen, an dem das Segel fertig sein sollte, ging der Mann in die Werkstatt. Er fand das Segel auf dem Boden. Es war fertig – und seine Frau lag daneben. Sie war tot.

Das ist natürlich ein Märchen mit einem schlechten Ende, aber viele Menschen dürften – wie ich auch – etwas aus ihrem eigenen Leben darin erkennen. Der Mann repräsentiert in diesem Märchen die männliche, die vorwärts strebende Kraft; die Frau eine stille Kraft, die sich aufopfernde, weibliche Energie. Jeder Mensch trägt diese beiden Kräfte in sich, aber wenn eine Kraft zu sehr die Oberhand gewinnt, kommen wir aus dem Gleichgewicht. Wenn Ihnen etwas aus der Geschichte vertraut ist, versuchen Sie, milder zu sich zu sein. Nehmen Sie sich, wenn Sie an wichtigen Aufträgen arbeiten, vor allem auch Zeit für sich selbst. Wenn Sie nicht mehr funktionieren, haben Ihr Chef, Ihre Familie, die Welt auch nichts mehr von Ihnen. Ein Baum, der Früchte trägt, kann viele nähren, aber ein verdorrter Ast ist leer und tot. Stellen Sie sicher, dass Sie sich immer gut nähren. Das ist auch für andere vorteilhaft.

GEHEIMNIS 62

Lassen Sie sich nicht verrückt machen

Meistens wissen wir ganz genau, was wir wollen. Wenn das einmal nicht der Fall ist, kommt es meist dadurch, dass wir viel zu viel Rücksicht auf andere nehmen. Sie können nicht alle Menschen glücklich machen.

Die folgende Fabel las mir mein Vater vor, als ich klein war, und ich habe sie nie vergessen:

Es war einmal ein Müller, der mit seinem Sohn eine Reise unternahm. Er saß auf seinem Esel und sein Sohn ging vor ihnen her. Irgendwann kamen sie an einem Dorf vorbei. Die Menschen dort äußerten Kritik: »Seht euch diesen Mann an, er lässt seinen Sohn zu Fuß gehen und sitzt selbst komfortabel auf dem Esel.« Der Mann ging fortan zu Fuß und ließ seinen Sohn auf dem Tier reiten. Als sie im nächsten Dorf angekommen waren, sagten die Menschen: »Seht nur, der Junge sitzt auf dem Esel und der alte Mann muss nebenher gehen.« Sie beschlossen, gemeinsam auf dem Esel zu sitzen. Das gefiel ihnen sehr gut, bis sie wieder in ein Dorf kamen. Die Menschen hier sagten: »Der arme Esel, zwei Menschen auf

seinem Rücken, das ist doch viel zu schwer!« Das war dem armen Müller zu viel. Er beschloss, wie zu Beginn der Reise wieder selbst auf dem Esel zu reiten und seinen Sohn nebenher gehen zu lassen. Und das war schließlich die beste Lösung für alle Beteiligten.

Manchmal ist es sehr schwierig, sich nicht von anderen beeinflussen zu lassen. Die folgende Übung hilft Ihnen, bei sich selbst zu bleiben, wenn Sie eine wichtige Entscheidung zu treffen haben.

Die beste Wahl

Setzen Sie sich mit geschlossenen Augen an einen ruhigen Platz. Richten Sie Ihre Gedanken auf die Wahlmöglichkeit A und versuchen Sie, sich diese ganz deutlich auszumalen. Wo befinden Sie sich? Wie ist die Umgebung, in der Sie sind, und wie fühlen Sie sich? Welche Personen sind in Ihrer Nähe?

Denken Sie nun an Wahlmöglichkeit B und stellen Sie sich dieselben Fragen wie bei A.

Wozu Ihr ganzes Wesen Ja sagt, ist die beste Wahl. Entscheiden Sie sich dafür!

GEHEIMNIS 63

Machen Sie aus Ihrem Leben ein Fest

Wenn Sie aus jedem Hindernis im Leben eine Herausforderung machen, kann das Leben zu einem Fest werden und nicht länger zu einer Heimsuchung. Sobald wir verstehen, dass nur wir selbst unsere Lebenseinstellung bestimmen und dass diese Haltung uns glücklich oder unglücklich macht, dann können wir auch immer wieder korrigierend darauf einwirken. Wir können unsere Herzen mit Liebe füllen, um Angst und Vorurteile zu vertreiben. Halten Sie, anstatt sich selbst schlecht zu machen, lieber Ihren Kopf hoch, fühlen Sie sich stolz und dankbar. Das Leid, das Sie erfahren, kann Sie mit anderen verbinden. Leid lehrt uns, Mitgefühl zu entwickeln. Niemand ist frei von Leid, aber lassen Sie in Ihrem Herzen keine Bitterkeit entstehen. Nehmen Sie es an, so wie Sie Freude annehmen, und leben Sie in der Gewissheit, dass beide immer nebeneinander existieren. Kein Leid ohne Freude und keine Freude ohne Leid. Genauso verhält es sich mit den unterschiedlichen Seiten Ihrer Persönlichkeit. Manchmal fühlen Sie sich stark, manchmal schwach, aber auch hierbei können Sie die

Oberhand behalten, indem Sie sich vergegenwärtigen, dass Sie durch die vielen Rollen, die Sie spielen, größer sind. Dieses größere Ich ist Ihr Selbst. Aus diesem Selbst heraus können Sie, wenn es nötig ist, alle anderen Rollen spielen. Einmal sind Sie Vater/Mutter, dann wieder Geschäftsmann/-frau, ein andermal dürfen Sie auch Kind sein. Genau genommen sind wir nicht alle diese Persönlichkeiten, sondern etwas viel Größeres und Freieres – etwas, das das wahre Selbst ausmacht. Dieses Selbst entdecken Sie durch Meditation, indem Sie sich immer wieder auf das höhere Selbst einstimmen.

Alle Rollen loslassen

Setzen Sie sich bequem und mit geradem Rücken hin. Stellen Sie sich als Teil im universellen Tempel des Lichts vor. Sie könnten beispielsweise eine Säule des Tempels sein, durch die das kosmische Licht und die kosmische Weisheit hindurchfließen. Dadurch stimmen Sie sich auf Ihr höheres Selbst ein und lassen vorübergehend alle Rollen los, die Sie sonst im Leben spielen. Anfangs mag das etwas beängstigend sein, Gedanken loszulassen und sich für die kosmische Energie zu öffnen, aber mit der Zeit werden Sie es wunderbar finden, und es wird Ihnen auch dabei helfen, sich mehr und mehr von Ihren Ängsten zu befreien, sodass Sie zu einem freieren Menschen werden.

Der Adler

Sie sitzen in bequemer Haltung mit geradem Rücken. Richten Sie Ihre Aufmerksamkeit auf Ihre Atmung im Bauchraum. Stellen Sie sich vor, ein Adler zu sein und über Ihr eigenes Leben hinwegzufliegen. Sie fliegen sehr hoch und fühlen sich frei. Nun genießen Sie den Blick eines Adlers. Sie beobachten sich, wie Sie im Moment sitzen, gleichzeitig sehen Sie auch Ihre Vergangenheit und die nähere Zukunft. Das nennt man auch Hubschrauberblick, weil man aus einem Hubschrauber denselben Effekt haben würde.

Ein höheres Bewusstsein

Nehmen Sie wieder eine bequeme Haltung ein, der Rücken ist gerade. Konzentrieren Sie sich auf Ihre Atmung. Versuchen Sie, sich vorzustellen, wie es wäre, Buddha zu sein. Welch eine unglaubliche Ruhe und Zufriedenheit. Versuchen Sie, in das Bewusstsein Buddhas oder eines anderen Propheten oder Heiligen zu gelangen. Das ist eine sehr einfache Art, auf eine höhere Bewusstseinsebene zu gelangen, von der aus die eingeschränkte Sichtweise dieses Moments sehr relativiert wird. Viel Erfolg!

GEHEIMNIS 64

Spielen, um zu überleben

Schwimmen Sie mit den Haien!

Während Sie sich auf dem Weg befinden, das zu erreichen und gut zu beherrschen, was Sie anstreben, durchleben Sie auch Zeiten, in denen Sie sich müde fühlen und Ihnen alles zu viel wird. Das ist der richtige Zeitpunkt zum Spielen. Der Teil Ihrer Person, der als Krieger auftritt, ist sozusagen des Kämpfens müde geworden. Der Krieger muss nun eine Spielwiese für sein inneres Kind schaffen, damit er wieder zu Kräften kommt.

Als ich vor zwei Jahren ein Video über Yoga drehte, hatte ich einen sehr ungewöhnlichen Traum, der mein künftiges Leben auf positive Weise beeinflussen sollte. Wir filmten auf einer Mittelmeerinsel und waren immer früh morgens oder nachts an der Arbeit, weil es um die Mittagszeit viel zu warm war. Alle Beteiligten schliefen wenig, und für mich war vor allem wichtig, meine innere Ruhe zu bewahren, um im Film eine gute Ausstrahlung zu vermitteln.

Der Regisseur hatte keinerlei Ahnung von Yoga und völlig andere Vorstellungen von dem Video als ich. Die Spannung wuchs, und am vierten Tag kam es kurz vor einer Aufnahme, bei der ich friedvoll und ruhig am See Yogaübungen vorführen sollte, zu einem heftigen Streit zwischen uns beiden. Die Aufnahmen wurden trotzdem gemacht. Es war zum Glück nicht zu erkennen, in welcher inneren Verfassung ich zu dem Zeitpunkt gewesen war.

In dieser Nacht bat ich vor dem Einschlafen meinen Engel und mein höheres Selbst um Hilfe. Ich sagte: »Ich weiß nicht, wie ich mit diesen Leuten umgehen soll, ich fühle mich ohnmächtig, müde und eingeschüchtert. Sende mir im Traum eine Mitteilung, die mir Einsicht verschafft und hilft, die Situation besser zu bewältigen.«

In der Nacht träumte ich, zusammen mit meinem Mann und meinem Kind auf einem großen Segelboot zu sein, draußen auf dem Meer. Ich war neugierig und beschloss, ins Meer abzutauchen und ein Stück zu schwimmen. Plötzlich sah ich, dass mehrere Haie auf mich zukamen, und dachte mir: Ich habe meine Tage und Haie riechen Blut. Sie wollen mich fressen. In dem Moment sah ich, dass auch ein Babyhai dabei war, und überlegte: Ich werde so tun, als wäre ich ein Babyhai, und werde mit den Haien spielen. Und die Haie waren einverstanden. Sie glaubten, auch ich wäre ein Hai, weil ich spielen konnte wie der Babyhai. Langsam schwamm ich zum Boot zurück. Ich fühlte mich sicher.

Die Botschaft, die ich diesem Traum entnehme, lautet: Wenn du mit Haien zusammen bist, musst du manchmal eben vorgeben, auch ein Hai zu sein. Nimm nicht alles so ernst.

Später habe ich den Traum jemandem erzählt, und der sagte mir, es gebe in Amerika ein Buch mit dem Titel »How to Swim With the Sharks and Not Get Eaten Alive!« (»Wie schwimmt man mit den Haien, ohne bei lebendigem Leib gefressen zu werden!«).

Platz zum Spielen schaffen

Geben Sie sich genügend Raum, um zu spielen. Machen Sie etwas, was Ihnen Spaß macht, jeden Tag, egal, was es ist, Hauptsache, Sie erleben es als ein Spiel.

GEHEIMNIS

65

Schwimmen mit Delphinen

Nehmen Sie Rücksicht auf die Bedürfnisse Ihres inneren Kindes; Sie sind dann auch besser in der Lage, Ihre Verantwortung als Erwachsener zu tragen.

Letzten Sommer, nach einem Jahr harter Arbeit, wollte ich im Urlaub mit meinem Mann und meinem Kind zwischen frei lebenden Delphinen schwimmen. Jemand hatte mir den Tipp gegeben. Es stellte sich heraus, dass man in Florida die Möglichkeit dazu hat. Einmal im Wasser, sah ich, wie groß diese Tiere in Wirklichkeit sind, und mir war das Ganze doch etwas unheimlich. Ab und zu sahen sie sich nach uns um und manchmal begleiteten sie uns ein Stückchen beim Schwimmen. Ich konzentrierte mich auf mein Herz und tat, als wäre ich selbst auch ein Delphin.

Nach einer halben Stunde wollte ich nicht mehr aus dem Wasser. Ich hatte mich selbst vergessen. Das Gefühl, eins zu sein mit dem

Wasser und den Delphinen, ließ mich alle Sorgen des vergangenen Jahres vergessen.

Lassen Sie Ihr Herz sprechen

Nehmen Sie eine ruhige Sitzhaltung ein, entspannen Sie sich und konzentrieren Sie sich auf Ihre Atmung. Legen Sie beide Hände auf den Unterbauch und spüren Sie, wie er sich unter Ihren Händen sanft bewegt. Führen Sie nun beide Hände zu Ihrem Herzen. Legen Sie die linke Hand auf Ihr Herz und die rechte Hand auf die linke. Fühlen Sie Ihr Herz. Dabei geht es nicht um Ihr physisches Herz, sondern um den Ort, an dem Sie Liebe, Frieden und Freude spüren. Fragen Sie das Kind in Ihrem Herzen, was es heute am liebsten machen möchte. Lassen Sie die Antworten aus Ihrem Herzen kommen, urteilen Sie nicht.

Tun Sie, was Ihr Herz Ihnen sagt

Versuchen Sie, der Antwort Ihres inneren Kindes Gehör zu schenken. Schaffen Sie Zeit und Raum für das, worum Ihr inneres Kind Sie bittet.

Schreibübung

Nehmen Sie Papier und Stift zur Hand. Wenn Sie Rechtshänderin sind, dann halten Sie den Stift links, und umgekehrt. Stellen Sie Ihrem inne-

ren Kind eine Frage und schreiben Sie die Antwort mit der linken Hand auf (als Linkshänderin mit der rechten). Sie werden erstaunt sein über die Mitteilungen, die deutlich aus einem anderen Bereich Ihres Innern kommen und völlig anders ausfallen, als wenn Sie darüber nachgedacht hätten. Viel Spaß!

GEHEIMNIS 66

Schaffen Sie Ihr persönliches Entspannungsritual

In ähnlicher Art und Weise wie Sie Ihre Arbeit planen, können Sie sich die Zeit auch für Ihr bevorzugtes Entspannungsritual einteilen. Es ist unerheblich, wie dieses Ritual aussieht, solange Sie es genießen. Ob Sie im Bett liegen und lesen, zum Segeln gehen oder in einer Hängematte faulenzen und vor sich hin starren, diese Zeit ist Ihre Zeit, genießen Sie es.

Tipp
Die Anschaffung einer Hängematte kann für Ihr Wohlbefinden äußerst lohnend sein (mit oder ohne Lieblingsmusik!).

33 entspannungs-

geheimnisse

für spirituelles

wohlbefinden

GEHEIMNIS 67

Leben ist Energie

Was ist Energie? Wodurch kommt sie uns abhanden? Beginnen wir mit diesem Moment: Lassen Sie jetzt alle Dinge, mit denen Sie beschäftigt sind, ruhen und atmen Sie 3-mal lang und tief durch. Atmung und Energie gehören zusammen. Wenn ein Baby geboren wird, atmet es das Leben mit dem ersten Atemzug ein, und wenn wir sterben, hauchen wir es mit dem letzten Atemzug wieder aus.

Eine gute, tiefe Atmung gibt dem Körper und dem Geist Energie und Vitalität. Je bewusster Sie atmen, desto besser ist es.

Stellen Sie sich vor, dass alle Ihre Organe und Zellen erneuert und mit neuem Leben gefüllt werden, wenn Sie die nächste Übung ausführen.

Setzen Sie sich im Schneidersitz oder einer bequemen Haltung hin. Richten Sie Ihren Rücken auf. Legen Sie die Hände auf den Bauch, knapp unterhalb des Bauchnabels. Atmen Sie ruhig ein und aus. Beim Ausatmen ziehen Sie den Bauch leicht ein; beim Einatmen entspannen Sie den Bauch.

Vielleicht spüren Sie, dass sich Brustkorb und Bauch beim Ausatmen ganz von selbst zusammenziehen und dass sie sich beim Einatmen ausdehnen. Das ist die natürliche Atmung. Babys atmen immer so. Bei der Einatmung entspannen Bauch und Brustkorb; bei der Ausatmung ziehen sie sich wieder zusammen. Üben Sie das einige Minuten lang.

GEHEIMNIS 68

Das Gleichgewicht zwischen Himmel und Erde

Sie könnten das Leben als eine Reise vom Himmel – oder vom Ursprung des Lebens – zur Erde und wieder zurück zum Ursprung betrachten. Vielleicht sind wir außerirdische Wesen, die diesen Körper geliehen haben, um an der Reise auf die Erde teilnehmen zu können. Der Ursprung unseres Geistes liegt im Kosmos. Unser Geist ist deshalb immer mit der geistigen Welt verbunden. Anders verhält es sich mit dem Körper. Er ist nicht mit der übrigen Materie auf der Erde verbunden, sondern von ihr getrennt. Je mehr wir Körper und Geist in ein Gleichgewicht bringen, desto näher kommen wir dem »himmlischen« Zustand auf Erden.

Entspannung hat mit Harmonie und Anspannung mit Disharmonie zu tun. Je mehr wir in Übereinstimmung mit uns selbst leben, desto leichter wird es für uns zu entdecken, woher die Spannung kommt.

Indem wir uns der Chakren (Energiezentren) in unserem Körper bewusst werden, lernen wir uns gleichzeitig besser kennen und verstehen. Die ersten vier Chakren in unserem Körper sind den vier Grundelementen zugeordnet.

Das erste Chakra steht für das Element Erde. Es befindet sich am unteren Ende der Wirbelsäule und symbolisiert Solidität.

Das zweite Chakra ist dem Element Wasser zugeordnet. Es befindet sich im unteren Bauch und hat mit elementaren Emotionen und Fortpflanzung zu tun.

Das dritte Chakra ist der Solarplexus, das Sonnengeflecht. Es befindet sich zwischen den Rippen und ist dem Element Feuer zugeordnet. Dieses Chakra hat mit persönlichen Emotionen wie Macht, Angst, Eifersucht zu tun.

Das Herzchakra, das vierte Chakra, ist der Ort, an dem Sie Frieden und Liebe empfinden. Sie finden es, indem Sie Ihre Hand auf die Mitte der Brust legen, ungefähr eine Handbreite unter dem Kehlkopf. Das Herzchakra ist dem Element Luft zugeordnet.

Der Äther ist das Element des fünften Chakras, das der Kehle zugeordnet ist. Es ist subtiler und feinstofflicher als Luft. Dieses Chakra hat mit dem Thema Zuhören und Sprechen in Harmonie zu tun.

Wie Sie sehen, geht die Energie Ihres Körpers vom Groben zum Feinstofflichen hin – von der Erde zum Äther.

Genau zwischen den Augenbrauen befindet sich das dritte Auge, der Sitz der Einsicht und des klaren Denkens.

Der höchste Energiepunkt Ihres Körpers, die Fontanelle, liegt in der Schädeldecke. Dort befindet sich der Sitz des kosmischen Bewusstseins.

Tipp

Atmen Sie und stellen Sie sich ein grünes Licht in Ihrem Herzen vor. Atmen Sie über Ihr Herz grünes Licht ein und aus. Ihr Herz fungiert als Mischbatterie für die Chakren. Aufmerksamkeit und Entspannung in der Herzgegend bringen Sie ins Gleichgewicht.

GEHEIMNIS

69

Entspannen mit den Elementen

Leben ist Energie. Wenn unser Energiefluss gestört wird, können wir aus dem Gleichgewicht geraten. Wenn das zu häufig geschieht, reagiert unser Körper mit Krankheit oder Stresssymptomen. Je besser wir auf die Signale unseres Körpers achten, desto besser gelingt es uns, richtig mit unserer Energie umzugehen.

Unser Körper besteht aus den Elementen und Mineralien der Erde und aus Lebensenergie. Wenn wir das begreifen, dann können wir auch die Elemente der Erde dazu nutzen, unsere Sorgen und Emotionen zu reinigen und zu säubern.

Übung

Sie stellen sich vor, dass Ihre Körperzellen aus denselben Stoffen und Elementen bestehen wie die Erde und der Kosmos. Bei jedem Einatmen spenden Sie Ihren Zellen neues Leben aus Licht und Energie. Bei jedem Ausatmen lassen Sie alle Anspannung aus Ihren Zellen fließen.

GEHEIMNIS 70

Die Reinigung mit Erde

Das Bewusstsein, dass unser Körper ein Teil der Erde ist, hat eine beruhigende Wirkung. Die meisten Menschen neigen dazu, zu kopfgesteuert durchs Leben zu gehen. Das hat zur Folge, dass man den Kontakt zum übrigen Körper verliert. Die folgende Übung hilft Ihnen dabei, den Kontakt mit der Erde wiederherzustellen und Ihre Sorgen zu vergessen.

Stellen Sie sich aufrecht mit nach unten hängenden Armen hin. Schließen Sie die Augen und lenken Sie Ihre Aufmerksamkeit zu Ihren Beinen. Spüren Sie Ihre Beine. Stellen Sie sich vor, Sie hätten sehr große Füße und aus diesen Füßen sprießten Wurzeln tief in die Erde hinein. Legen Sie nun Ihre Hände auf den unteren Bauch, fühlen Sie dort Ihre Atmung. Gehen Sie nun mit Ihrer Aufmerksamkeit – immer vom unteren Bauch beginnend – weiter nach unten, zum Becken, zu den Beinen und zu den Füßen. Stellen Sie sich vor, Ihre Beine seien Baumstämme mit Wurzeln, die aus den Füßen heraus sehr tief in die Erde ragten.

GEHEIMNIS 71

Die Reinigung mit Wasser

Da wir uns nicht täglich unter einen Wasserfall stellen können, ist die folgende Übung auch wunderbar unter der Dusche auszuführen.

Stellen Sie sich vor, Sie stünden unter einem Wasserfall. Atmen Sie ein und nehmen Sie bewusst die Spannungen in Ihrem Körper wahr. Atmen Sie durch den Mund aus und stellen Sie sich dabei vor, wie das Wasser alle Spannungen wegspült.

Sie können bei dieser Übung die Konzentration auf die Atmung auch weglassen. Visualisieren Sie dann, dass das Wasser Ihre Verspannungen einfach wegspült.

GEHEIMNIS

72

Die Reinigung mit Feuer

Es ist kein Zufall, dass das Element Feuer in jeder Kultur eine besondere Bedeutung hat. Phönix ist in der Mythologie ein Vogel, der sich selbst zu Asche niederbrennt, um dann wieder verjüngt und schöner aufzusteigen.

Jeder von uns kennt diese Momente im Leben, die den Eindruck entstehen lassen, alles würde verbrennen. »Die Schiffe hinter sich abbrennen« ist eine Redensart, die ausdrücken soll, dass jemand alles hinter sich lässt. In manchen Fällen kann das erforderlich sein, aber meistens kommen wir ohne eine solch radikale Maßnahme aus. Wir könnten täglich eine Feuerreinigung abhalten, genauer gesagt immer dann, wenn wir ein Bedürfnis danach verspüren.

Es folgen einige Ratschläge, wie man sich selbst von Emotionen reinigt, die man nicht mehr haben möchte.

Die Phönix-Atmung
Atmen Sie durch den Mund ein, konzentrieren Sie sich auf den Solarplexus und denken Sie an die Emotionen, die Ihnen zurzeit im Wege stehen, beispielsweise Angst. Beim Einatmen stellen Sie sich vor, Sie würden diese Emotion verbrennen. Atmen Sie durch die Nase aus und konzentrieren Sie sich dabei auf den Frieden und die Liebe in Ihrem Herzen.

Ritual, um Ihre Sorgen loszulassen
Schreiben Sie die größten Sorgen, die Sie derzeit haben, auf ein Stück Papier. Zünden Sie ein Feuer an, werfen Sie das Papier hinein und stellen Sie sich vor, wie sich Ihre Sorgen in Rauch auflösen und vergehen.

Am offenen Kamin oder an einer anderen Feuerstelle
Nehmen Sie vor dem Feuer Platz. Öffnen Sie sich für die Mitteilung, die Sie in den Flammen sehen und hören.

GEHEIMNIS

73

Die Reinigung mit Wind

Wenn es in Ihrem Kopf stürmt, dann gehen Sie hinaus und hören Sie dem Wind zu. Beobachten Sie, wie die Pflanzen und Sträucher sich im Wind biegen. Spüren Sie, wie der Wind durch Ihren Kopf hindurchweht. Stellen Sie sich vor, der Wind fegte all Ihre Gedanken aus dem Kopf. Gehen Sie unter Bäumen spazieren und empfinden Sie, wie auch diese trotz der Stürme durch die Jahre hindurch immer stehen blieben. Hören Sie dem Wind zu und lassen Sie Ihre Ohren von ihm küssen.

GEHEIMNIS

74

Lieben Sie sich selbst so, wie Sie andere lieben

Der Zustand des Verliebtseins ist, so lange er anhält, herrlich. Erst, wenn wir auf uns selbst zurückgeworfen werden und die Konfrontation mit dem eigenen Ich angehen müssen, beginnt die Ernüchterung. Jesus sagte: »Liebe deinen Nächsten wie dich selbst.« Der Zusatz am Ende wird häufig vergessen, vor allem, wenn man verliebt ist. Der andere wird zum Ein und Alles, zu einer Droge wie Schokolade oder Alkohol.

Jede Verliebtheit könnte man auch als Projektion eines Ideals, das im eigenen Innern lebt, betrachten. Am häufigsten tritt die Projektion der »perfekte« Vater oder die »perfekte« Mutter auf. Früher oder später werden Sie feststellen, dass der andere nicht ganz so perfekt ist, aber Sie selbst sind es schließlich auch nicht. Wir befinden uns alle nur auf dem Weg zur Perfektion.

Wahre Liebe ist Wachstum. Wenn wir jemandem begegnen, der nicht bereit ist, unseren Vorstellungen von Perfektion zu entsprechen, dann werden wir erst gezwungen, in uns hineinzusehen und zu wachsen.

Affirmation für die Liebe zu sich selbst
Ich bin im Grunde perfekt und vollkommen.
Ich werde von der göttlichen Liebe beschützt.

GEHEIMNIS 75

Leben und leben lassen

Man muss ein Blume nicht pflücken, um ihren Duft zu riechen.

Bei meiner Arbeit begegne ich ständig wunderbaren Menschen. Vor allem während der Meditation sehen Menschen oft wie Engel aus. Dann denke ich mir: Könnten diese Menschen sich durch meine Augen sehen, würden sie verstehen, wie schön und vollkommen sie sind. Ich sehe sie durch die Augen der Liebe. Es passiert mir auch sehr leicht, dass ich mich verliebe, was mich in der Vergangenheit oft irritiert hat, hauptsächlich deshalb, weil ich davon ausging, dass eine Ehe bedeutet, ewig treu zu sein und nur den eigenen Mann und die Kinder zu lieben. Inzwischen denke ich, dass man in dem Maße, wie das Herz sich öffnet und größer wird, viele Menschen lieben kann. Das bedeutet nicht, dass sie zum persönlichen Eigentum werden, aber dass man sich an ihnen erfreuen und sie lieb haben kann, so wie man schöne Blumen im Garten genießt und an ihnen riecht, ohne sie zu pflücken.

Tipp

Wenn Ihnen ein schöner, inspirierender Mensch begegnet, seien Sie dankbar und entspannen Sie sich in dem Wissen, dass Sie es verdient haben, von netten Menschen umgeben zu sein. Und wenn jemand, der sich zunächst sehr liebevoll gab, plötzlich eher unangenehme Seiten zeigt, bedenken Sie dann, dass Rosen Dornen haben, aber dass ihr Duft, der ihr Wesen ist, wunderbar bleibt.

GEHEIMNIS 76

Angst erzeugt Anspannung, Liebe schafft Entspannung

Vor einigen Jahren besuchte mich ein befreundeter Psychiater, mit dem ich mich gelegentlich über die großen Fragen des Lebens unterhalte. Er brachte mir das Buch »Lieben heißt die Angst verlieren« von Gerald G. Jampolsky, einem amerikanischer Psychiater mit und erzählte mir, dass es ihm gut getan habe, das Buch zu lesen, und er sich vorstellen könne, dass es auch für mich von Interesse sei. Ich tauchte in das Buch ein und erkannte vieles von dem, was der Autor erzählt. Seine These besagt, dass es nur zwei Arten von Emotionen gibt: Angst und Liebe. Alles Weitere ginge von einer dieser beiden Emotionen aus. Alle Spannungen im Leben basieren auf Angst und eine der Hauptursachen für Spannungen sind (Vor-)Urteile. Immer bilden wir uns gleich ein Urteil zu einer Situation, obwohl wir noch gar nicht wissen können, was weiter geschehen wird. Diese Urteile entstehen häufig aus Angst.

So gelten die meisten Autohändler als gerissen und nicht besonders vertrauenswürdig. Das ist ein Vorurteil. Es gibt genügend zuverlässige und nette Autohändler, die es nicht darauf abgesehen haben, ihre Kunden übers Ohr zu hauen. Wenn Sie offen auf einen Autohändler zugehen, ist die Wahrscheinlichkeit, mit einem besseren Auto nach Hause zu kommen, größer, als wenn Sie von vornherein unterstellen, er sei ein Schwindler. Wenn wir mit einer offenen und entspannten Haltung an eine Sache herangehen, ist die Aussicht auf Erfolg größer. Ob Sie sich dessen bewusst sind oder nicht, der andere wird Ihre Anspannung spüren und ist dann häufig selbst auch angespannt. Bevor Sie sich in eine schwierige Situation hineinbegeben, können Sie sich entspannen und für sich visualisieren, wie Sie sich den Ausgang der Situation wünschen. Damit ist die Möglichkeit auf ein positives Ende schon so gut wie sicher.

Einmal kam es zu einem Streit zwischen mir und einer guten Freundin, mit der ich ein Projekt auf die Beine gestellt hatte, das aber nicht so lief, wie ich es gern gehabt hätte. Sie wollte gern weiter mit mir zusammenarbeiten, aber ich wollte nicht mehr. Das war sehr schwierig, weil ich Angst hatte, dass das auf Kosten unserer Freundschaft gehen würde. Wir verabredeten uns zu einer Aussprache. An den Tagen vor dem Gespräch wurde ich furchtbar nervös. Ich merkte, dass ich große Angst vor der Begegnung hatte. Der Grund war, dass ich schon vorab allerlei Vorurteile über die Art und Weise hatte, wie sie reagieren würde.

Ich visualisierte, wie ich mir das Ergebnis des Gesprächs wünschte. Dabei sah ich uns, wie wir uns in Frieden umarmten und wie jede in Frieden weiterging. So geschah es auch, und damit noch nicht genug. Sie hatte mir einen schönen Kristall mitgebracht. Ich stellte eine Kerze auf den Tisch zum Symbol, dass dieses Gespräch unseren Streit erhellen sollte.

Wir kamen zu Beginn überein, dass jede ihre Geschichte erzählen konnte, während die andere zuhörte, ohne zu unterbrechen. Und dann umgekehrt.

Als sie Ihre Geschichte erzählte und ich mit meinem Herzen zuhörte, ohne zu urteilen, entstand etwas sehr Schönes. Ich sah, wie verletzlich sie war, obwohl ich sie immer als große, starke Frau wahrgenommen hatte, und mir wurde klar, wie sehr auch sie darunter gelitten hatte, dass die Dinge nicht so liefen, wie wir uns das gewünscht hatten.

Nachdem ich meine Sicht der Geschichte erzählt hatte, konnten wir gemeinsam lachen. Wir umarmten uns und gingen in Frieden auseinander.

Tipp

Versuchen Sie, vorurteilsfrei an jede Situation heranzugehen. Sie werden viel dabei gewinnen.

GEHEIMNIS 77

Ein Gebet zur Heilung

Geliebter Herr, allmächtiger Gott,
durch das Strahlen der Sonne
durch das Wehen des Windes
durch das allgegenwärtige Leben des Universums
reinige und belebe mich neu
und ich bete
heile meinen Körper, mein Herz und meine Seele.

Hazrat Inayat Khan

Dieses Gebet hat eine heilende Wirkung. Sie können es verwenden, wenn Sie das Bedürfnis nach Heilung – in welcher Hinsicht auch immer – verspüren.

GEHEIMNIS 78

Die eigene Widersprüchlichkeit annehmen

Viel Anspannung wird in unserem Leben dadurch erzeugt, dass wir es nicht verstehen, mit all den widersprüchlichen Gefühlen und Bedürfnissen in uns umzugehen. Wir hätten gern Kinder, aber auch einen tollen Job; wir möchten gern Geld verdienen, sind dann aber zu müde, um das Leben wirklich zu genießen; wir lieben unseren Partner, wollen uns aber auch auf andere Menschen einlassen; wir möchten nicht älter werden, wissen aber, dass Älterwerden unvermeidlich ist. Während wir gutes Essen und Trinken schätzen, ist uns bewusst, dass andernorts Menschen an Hunger sterben. Immer wieder nehmen wir uns vor, bestimmte Dinge, die uns schlecht bekommen, nicht mehr zu tun, und machen es dennoch immer wieder. Wir wünschen uns Liebe in unserem Leben, aber es fällt uns schwer, unseren Partnern und Freunden zu verzeihen. Wie können wir entspannt sein angesichts dieser vielen Widersprüche? Indem wir ihnen – ohne zu urteilen – einen Platz in unserem Herz zuweisen. Indem wir akzeptieren, dass alle diese Gefühle nebeneinander in uns existieren.

Schließen Sie sie in Ihr Herz ein. Sollten Sie denken, Ihr Herz sei dafür nicht groß genug, dann versuchen Sie einmal die folgende Visualisierung.

Visualisierung

Setzen Sie sich in einer bequemen Sitzhaltung hin, schließen Sie die Augen, legen Sie die Arme über Ihr Herz, den linken Arm unter den rechten Arm, als würden Sie Ihre widersprüchlichen Gefühle und Bedürfnisse umarmen und ihnen einen Platz in Ihrem Herzen geben. Gehen Sie dem Gefühl, das dabei entsteht, nach.

Durch diese Übung werden Sie besser in der Lage sein, alle Gefühle anzunehmen und ihnen dabei einen Platz in Ihrem Leben einzurichten. Wenn Sie sie einige Male mit geschlossenen Augen ausgeführt haben, können Sie sie auch beim Sitzen, Stehen oder Gehen mit geöffneten Augen wiederholen.

GEHEIMNIS 79

Die Reinigung von negativen Gedanken

Die folgende Übung eignet sich vorzüglich, um sich von negativer Energie zu befreien. Sie können sich täglich, morgens oder abends, dieser Übung widmen. Es empfiehlt sich, sie im Stehen und mit geschlossenen Augen auszuführen. Der Abstand der Füße zueinander sollte Schulterbreite betragen.

Die Reinigung der vier Elemente

[1] Erde: Atmen Sie durch die Nase ein und aus. Beim Einatmen spüren Sie, wie die Kraft der Erde, bei den Füßen und den Beinen beginnend, langsam den ganzen Körper erfüllt. Beim Ausatmen lassen Sie die gesamte alte, verbrauchte Energie durch Ihre Beine hindurch zur Erde fließen. Wiederholen Sie das Ein- und Ausatmen 3-mal.

[2] Wasser: Atmen Sie durch die Nase ein und durch den Mund aus. Stellen Sie sich vor, Sie stünden unter einem Wasserfall. Beim Ausatmen durch den Mund stellen Sie sich vor, wie das Wasser über Ihren Kopf

und Ihre Schultern läuft und alles Leiden, das Sie loswerden wollen, mitnimmt. Wiederholen Sie das Ein- und Ausatmen 3-mal.

[3] Feuer: Atmen Sie durch den Mund ein und durch die Nase aus. Lenken Sie Ihre Aufmerksamkeit auf den Bereich unter Ihrem Herzen zwischen den unteren Rippen. Atmen Sie durch den Mund ein und stellen Sie sich dabei vor, wie Sie alle Emotionen, die Ihnen im Weg stehen, verbrennen. Atmen Sie durch die Nase aus und konzentrieren Sie sich auf Ihr Herz, während Sie an Frieden im Herzen denken. Wiederholen Sie das Ein- und Ausatmen 3-mal.

[4] Luft: Atmen Sie durch den Mund ein und aus. Verbinden Sie sich wie ein Vogel mit der Luft. Sie spüren den Wind der Freiheit durch sich hindurchwehen. Wiederholen Sie das Ein- und Ausatmen 3-mal.

GEHEIMNIS 80

Die Lebenseinstellung in den indischen Veden

Alles haben und alles machen wollen, und wenn es sich einrichten lässt, am besten alles gleichzeitig! Das ist einer der Grundsätze, die in unserer westlichen Kultur für viel Spannungsaufbau sorgen. Der Lehre der indischen Veden entsprechend – einer alten Philosophie, aus der auch die medizinische Lehre Ayurveda hervorgeht – gibt es für alles eine bestimmte Zeit. Ein Menschenleben wird in vier Stufen eingeteilt.

Der Schmetterling

In seinen Kinderjahren erwacht der Mensch wie ein Schmetterling und sieht alle Blumen der Welt. Es ist die Zeit der Entdeckung seiner Umwelt.

Der Tiger oder der Krieger

In der zweiten Phase wird der Mensch erwachsen und geht aktiv auf die Dinge des Lebens zu. Er wird zum Meister in der Welt, indem er Fertigkei-

ten erlernt und eine Familie gründet. In den Veden heißt es, eine Familie zu haben, sei ein wesentlicher Bestandteil des Lebens. Das Führen eines Haushalts ist eine hoch geschätzte und geachtete Tätigkeit.

Der Hirsch

In die dritte Phase tritt der Mensch ein, wenn er erschöpft vom Leben ist, manches im Leben erreicht hat, manches auch nicht. Nachdem der Mensch hart gearbeitet und vielleicht eine Familie versorgt hat, fühlt er sich müde und verletzlich. Er tendiert dazu, sich von der Welt zurückzuziehen, die Dinge haben für ihn ihren Glanz verloren. Er geht auf die Suche nach der Wahrheit oder nach etwas, das seinem Leben wieder einen Sinn gibt. In Indien begeben sich sowohl Männer als auch Frauen, die Anhänger dieser Lehre sind, auf einen spirituellen Weg. Dabei kann es sich um eine echte Reise handeln, es kann aber auch eine innere spirituelle Reise gemeint sein, eventuell in Begleitung eines Lehrers.

Der Löwe

Nachdem sich der Mensch in der letzten Phase zurückgezogen hat und sich und Gott wiedergefunden hat, oder sich in Gott wiedergefunden hat, ist er jetzt von den Qualen der irdischen Existenz befreit und wird so stark wie ein Löwe. Er erlebt sein Comeback. Er wird nicht mehr von irdischen Sorgen heimgesucht. Er lacht, er ist frei.

GEHEIMNIS 81

Stimmen Sie sich selbst mit Licht ein

Genauso wie Musikinstrumente können auch Menschen – die wesentlich feinfühliger sind als Musikinstrumente – gestimmt werden. Normalerweise geschieht das automatisch, so wie die Saiten einer Geige gespannt oder entspannt werden, um einen bestimmten Ton hervorzubringen. Alle Eindrücke, ob man sie nun mit eigenen Augen gesehen hat oder nicht, bewusst oder unbewusst wahrnimmt, wirken sich auf unsere Feinabstimmung aus. Sicher ist Ihnen schon aufgefallen, dass bestimmte Menschen einen gewissen Einfluss auf Sie ausüben, einen guten, vielleicht auch einen schlechten, und manche Menschen beeindrucken uns ganz besonders. Mein Sufi-Lehrer Pir Vilayat Khan antwortete einmal auf die Frage, was ein erleuchteter Mensch sei: »Wenn Sie bei einem erleuchteten Menschen zu Besuch waren, haben Sie hinterher das Gefühl, Sie könnten fliegen bzw. hätten Flügel bekommen.« Wer einmal eine erleuchtete Person getroffen hat, weiß, dass das stimmt. Die Anwesenheit eines solchen Menschen hat eine gewisse Ausstrahlung, die sich sehr positiv auf jeden Einzelnen, der in ihrer Nähe ist, auswirkt. Dennoch ist es nicht so, dass jemand, der erleuchtet ist, immer gleich »gestimmt« ist, genauso wenig trifft es zu, dass ein bestimmter Grad der Erleuchtung immer zur selben »Feinabstimmung« führt.

1985 habe ich in Indien eine ältere Sufi-Frau, Hayat, 85 Jahre alt, besucht. Sie war niederländischer Herkunft und ihr Auftrag an sie selbst bestand darin, beim Grab des großen Sufi-Lehrers Hazrat Inayat Khan zu wohnen, um es zu bewachen. In östlichen Kulturen ist das Grab eines Sufi ein wichtiger Wallfahrtsort, in dessen unmittelbarer Umgebung auch die Armen versorgt werden. Nach einem langen Anfahrtsweg durch ein moslemisches Armenviertel in Delhi kamen wir bei Hayat an. Es stellte sich heraus, dass sie krank war. Sie hatte offene Wunden an den Beinen, die nicht mehr heilen wollten. Sie wohnte in einem sehr einfachen Häuschen zusammen mit einer Frau, die sich um sie kümmerte. Hayat hieß uns willkommen, aber da wir uns nicht angemeldet hatten, bat sie uns, eine Woche später wiederzukommen. Wir reisten also weiter und machten eine außergewöhnliche Pilgerfahrt entlang der heiligen Stätten bis nach Varanasi. Dort gefiel es meinem Mann Henk so gut, dass er nicht nach Delhi zurückkehren wollte, um Hayat zu treffen. Aber ich war fest entschlossen, mich an die Verabredung zu halten. Ich wusste, wir würden erwartet.

Als wir eingelassen wurden – dieses Mal von der Pflegerin – sahen wir, dass das Zimmer von einem goldenen Licht erfüllt war. Hayats spindeldürrer Körper war in einen prächtigen Sari gehüllt, das graue Haar zu einem Knoten gebunden. Noch nie hatten Henk und ich ein derartiges Licht gesehen. Es war, als hätten wir einen heiligen Ort betreten. Wir wagten kaum zu sprechen und waren überaus glücklich, dass wir gekommen waren. Dieser Besuch war ein wahrer Segen auf unserer Reise, ein großes Geschenk.

Licht kann man fühlen und sehen. Indem Sie sich auf Licht konzentrieren, erzeugen Sie Ihrerseits Licht und werden selbst lichterfüllt.

Die Sonne im Herzen

Wenn Sie die folgende Übung machen, erzeugen Sie mehr Licht in Ihrem Innern. Sie hat eine heilende Wirkung und verbessert Ihre Ausstrahlung. Schauen Sie Ihre Augen im Spiegel vor- und nachher an. Sie werden sehen, wie viel Licht in sie gekommen ist.

Setzen Sie sich in einer bequemen Haltung und geradem Rücken hin. Schließen Sie die Augen. Stellen Sie sich vor, in Ihrem Herzen gäbe es ein goldene Sonne. Konzentrieren Sie sich auf Ihr Herzchakra als den Bereich, in dem Sie Liebe und Frieden fühlen, und nicht auf Ihr physisches Herz.

Beim Einatmen bringen Sie goldfarbenes Licht in Ihr Herz und beim Ausatmen strahlen Sie goldfarbenes Licht vom Herzen ausgehend in alle Richtungen Ihres Körpers und Geistes ab. Wiederholen Sie die Übung so lange sie Ihnen angenehm ist. Goldfarbenes Licht breitet sich in Ihnen aus.

Vergessen Sie am Ende nicht, in den Spiegel zu schauen.

GEHEIMNIS 82

Stimmen Sie sich selbst mit Musik ein

Musik ist die Religion der Zukunft.

Hazrat Inayat Khan

Der oben zitierte Satz wurde Anfang dieses Jahrhunderts gesprochen. Ich denke, dass er sich bewahrheitet hat. Wenn wir nach etwas suchen, was sehr viele Menschen zusammenbringt, werden wir tatsächlich Musik als Antwort finden. Sie führt Menschen ungeachtet ihrer Hautfarbe oder ihrer Glaubensüberzeugung zueinander und stimmt sie auf eine positive Art und Weise ein. Wie ein Musiker die Saiten seines Musikinstruments stimmt, so werden Menschen überall auf der Welt durch Musik »gestimmt«.

Gute-Laune-Musik zeigt ganz deutlich, dass Musik dazu eingesetzt werden kann, unsere Stimmung in eine bestimmte Richtung zu lenken. Hitchcocks Filme wären ohne die Musik, die die spannenden Szenen untermalt, bei weitem nicht so gruselig. Sie können Musik dazu einsetzen, um Ihre Wohnung schneller aufräumen zu können, oder durch Musik erreichen, dass eine bestimmte Aufgabe angenehmer wird. Genauso können Sie mit Musik für mehr innere Ruhe und Harmonie sorgen.

Mit dem folgenden Spiel können Sie mithilfe der Tonleiter und durch Visualisieren von Farben Ruhe in Ihrem Innern herbeiführen und sich auf eine harmonische Weise »stimmen«. Alle Chakren oder Energiefelder werden in ein Gleichgewicht gebracht (Rainbow Stress Reduction von Venu, Newcastle, USA, 1991).

[1] Fangen Sie mit dem untersten Chakra, dem Wurzelchakra, am unteren Ende der Wirbelsäule, an. Atmen Sie tief ein und singen Sie »do«, während Sie an dieser Stelle eine rote Sonne visualisieren.

[2] Gehen Sie nun zum zweiten Chakra, dem Sakralchakra, das sich unterhalb des Bauchnabels befindet, singen Sie »re« und stellen Sie sich hier eine orangefarbene Sonne vor.

[3] Beim dritten Chakra singen Sie »mi« und stellen Sich eine große, goldene Sonne in Ihrem Sonnengeflecht vor.

[4] Beim Herzchakra singen Sie »fa« und stellen sich ein grünes – grün wirkt beruhigend – Licht in Ihrem Herzen vor.

[5] Singen Sie »sol«, wenn Sie beim Kehlkopfchakra angekommen sind und stellen Sie sich dort ein blaues Licht vor.

[6] Beim sechsten Chakra, dem zwischen den Augenbrauen, singen Sie »la« und visualisieren ein lilafarbenes Licht, das nach vorn scheint.

[7] Beim siebten Chakra, bei der Fontanelle, singen Sie »si« und stellen sich dabei eine Fontäne aus weißem Licht vor.

Zum Abschluss singen Sie analog zum Beginn noch einmal »do« und stellen sich vor, in einem hellen Licht zu baden.

Die Farben, die zu den Chakren gehören, sind die Farben des Regenbogens. Sie können sich deshalb die Regenbogenfarben in fließender Bewegung von unten nach oben vorstellen.

Da Sie sich auf mehrere Dinge gleichzeitig konzentrieren müssen, könnten Sie am Anfang Musik und Visualisierung des Lichts getrennt vornehmen und erst später miteinander kombinieren. Sie können es sich auch dadurch erleichtern, dass Sie jeweils die Hand auf das betreffende Chakra legen: do, si, la, sol, fa, mi, re, do.

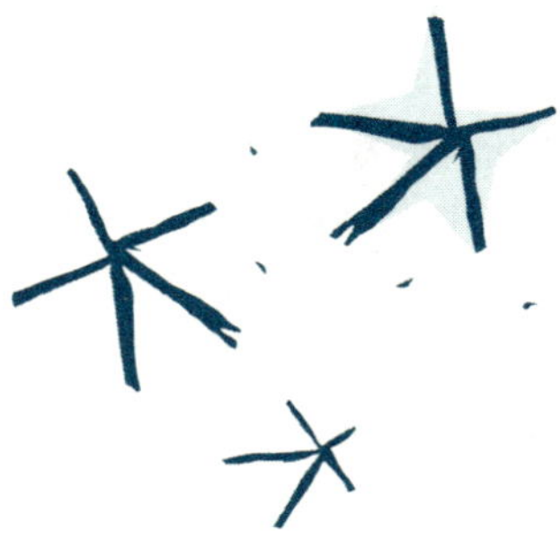

GEHEIMNIS

83

Ho'oponopono, ein hawaiisches Vergebungsritual

Viele von uns hegen alten Groll jahrelang. Verzeihen ist im Grunde genommen etwas, was man sich selbst gibt. Wenn man, wie es manchmal der Fall ist, verstehen kann, warum sich jemand auf eine bestimmte Weise verhalten hat, ist es einfacher zu verzeihen. Aber das ist nicht immer möglich.

Vielleicht möchten Sie einmal das folgende Vergebungsritual ausprobieren. Es ist ganz einfach und ich habe es selbst mehrfach mit sehr gutem Ergebnis eingesetzt. Nachdem Sie dieses Ritual durchgeführt haben, lassen Sie ihren Groll los. Wenn Ihre Absichten ehrlich und klar sind, wird Vergebung folgen.

Suchen Sie einen ruhigen Platz auf, an dem Sie allein sein können, am besten in der freien Natur unter einem Baum. Sie können eine Kerze als Symbol des Lichts anzünden und ein Schälchen Wasser bereithalten, das Sie sich nach dem Ritual zum Zeichen Ihrer Reinigung über den Kopf gießen. Wählen Sie selbst Ihre Haltung und sprechen Sie das Folgende:

Heiliger Schöpfer, Vater, Mutter, Sohn,
Ich (Ihr Name), *meine Familie, Verwandten und Vorfahren möchten ein Ho'oponopono abhalten auf* (Name desjenigen/derjenigen, der/die Ihnen Leid zugefügt hat), *seine/ihre Familie, Verwandten und Vorfahren. Wir bitten alle, die direkt oder indirekt mit* (Person) *zu tun haben, um Vergebung. Wir bitten darum, dass sie und ich von aller Schuld gereinigt werden und durch dieses Ritual zum Pfad des Lichts transformiert werden.*
Im Namen des Lichts, so soll es geschehen.

Tipp

Dieses Ritual kann auch durchgeführt werden, um z. B. die Energie eines Hauses zu reinigen.

GEHEIMNIS 84

Bei sich selbst sein

Wir beschäftigen uns häufig mit anderen Menschen und tun viel für andere. Aber wann sind wir eigentlich für uns selbst da? Was heißt das genau? Bei sich selbst sein, ist ein Lernprozess. Es geht darum, auf sein Inneres zu hören, das Chaos oder die Stille wahrzunehmen, ohne Urteil. Wenn wir – vorurteilsfrei – in uns hineinsehen und -hören, werden wir einen völlig neuen Weg entdecken. Wir werden der Phasen der Stille in uns gewahr. Früher dachte ich, wenn ich aufhören würde zu denken, würde ich nicht mehr existieren.

Die meisten Menschen beziehen ihre Identität aus den Rollen, die sie spielen. Das heißt, jemand, dem durch äußere Umstände seine Rolle abhanden kommt, verliert plötzlich den ganzen Halt. Doch die Rollen, die wir spielen, sind nur Masken, die wir auf- und absetzen können. Wie Schauspieler auf der Bühne des Lebens.

Hinter den ständig wechselnden Kulissen und Rollen liegt die Stille. In der Stille finden wir Gott oder unser wahres Selbst. Wenn Sie Gott als jene Quelle betrachten, aus der alles, was möglich ist, hervorkommt, dann können Sie sich vielleicht vorstellen, dass Sie erst dann, wenn Sie zum Göttlichen in sich selbst gelangt sind, heimgekommen sind. Das ist vergleichbar mit dem Auffinden des größten aller Schätze – Sie selbst.

Jede Religion und jeder mystische Weg hat eine eigene spezielle Art, zu Gott zu kommen. Den Sufis zufolge ist jeder Mensch ein Ausdruck Gottes. Wie kann man dann Gott kennen lernen? Durch den Menschen. Jeder Mensch ist ein großer Schatz und birgt alle Möglichkeiten in sich. Was machen wir mit dieser Erkenntnis? Genau darum geht es. Je mehr Sie bei sich selbst sein können, desto mehr entdecken Sie die Reichtümer Ihres Innern.

Lernen, bei sich selbst zu sein

Setzen Sie sich mit geradem Rücken und geschlossenen Augen an einen ruhigen Platz. Werden Sie sich Ihrer Atmung bewusst. Wenn ein Gedanke erscheint, denken Sie: Ich bin nicht meine Gedanken. Wenn Sie sich Ihrer Gefühle bewusst werden, denken Sie: Ich bin nicht meine Gefühle.

Kehren Sie immer wieder zu dem Bewusstsein Ihres Atems zurück. Der Atem ist nicht dasselbe wie die Atmung; er ist Ihr Geist, Ihre Lebensenergie.

Sie werden schon bei 10 Minuten Üben pro Tag feststellen, dass immer häufiger Phasen der Stille zwischen den Gedanken und den Gefühlen entstehen. In dieser heilsamen Stille entdecken Sie Ihr wahres Selbst, einen Schatz von unermesslichem Wert.

GEHEIMNIS

85

Buddhismus, der Weg des Mitgefühls

Jede Religion hat ein spezifisches Kennzeichen. Der Kernpunkt des Buddhismus ist Mitgefühl. Die Lehre besagt, dass jeder Mensch viele Male wiedergeboren wird, bis er am Ende erlöst wird. So lautet die Theorie der Reinkarnation. Das bedeutet, dass Sie und ich in einem früheren Leben Vater und Mutter voneinander hätten sein können. Die Folge dieses Gedanken ist, dass man jedem Mitmenschen mit Mitgefühl begegnet.

Die Buddhisten befolgen das Gesetz des Karma, das heißt, das Gesetz von Ursache und Wirkung. Jede Aktion verursacht eine Reaktion. Würden wir uns dieses Gesetz wirklich bewusst machen, würden wir unsere Handlungen und Worte länger überdenken. Uns würde dann bewusst sein, welche Reaktionen wir hervorriefen.

Das bedeutet nicht, dass wir dann inaktiv werden, sondern vielmehr, dass wir zwischen Aktivität und Ruhe besser ausbalancieren können, dass wir bei unseren Taten die Folgen berücksichtigen werden. Ist eine gewisse Unternehmung günstig für Sie und andere, sind die Folgen positiv. Hauptsächlich geht es um die Intention, mit der man etwas macht. Eine positiv ausgerichtete Intention wird auch eine positive Wirkung nach sich ziehen.

Entwicklung von Mitgefühl

Sie sitzen mit geschlossenen Augen in einer aufrechten Sitzhaltung und stellen sich vor, der Gott oder die Göttin des Mitgefühls zu sein: Sie haben Tausende von Armen an Ihrem Körper. Aus Ihrem Herzen erstrahlen Liebe und Licht, die Sie durch Ihre vielen Arme an alle weiterreichen, die sie benötigen.

GEHEIMNIS 86

Mantras

Ein Mantra ist ein Wort mit einem heilsamen Klang. In den meisten Sprachen ist ein Wort eine Kombination von Buchstaben, die eine Bedeutung hat. Wenn jemand z. B. »Tisch« sagt, wissen wir sofort, welcher Gegenstand gemeint ist, obwohl das Wort selbst nichts bedeutet.

Bei einem Mantra ist es anders. Ein Mantra ist ein Wort, das einen bestimmten Klang produziert, wobei das Wort identisch ist mit dem, was es bedeutet. Viele Mantras stammen aus dem Sanskrit, einer alten Sprache, die viele Wörter mit einer universalen Bedeutung kennt. Wenn beispielsweise jemand »pscht!« sagt, verstehen wir, dass wir leiser sprechen sollen. Im Prinzip wirken Mantras sich immer positiv auf den Benutzer aus. Eines der am häufigsten verwendeten Mantras aus dem Sanskrit ist »om«, das wie »aum« ausgesprochen wird. Wenn Sie tief einatmen und dann »om« singen, können Sie die beruhigende Wirkung dieses Klangs empfinden, vor allem wenn Sie ihn mehrfach hintereinander singen.

Die Tonhöhe, auf der Sie singen, ist unwichtig. Bestimmte lateinische oder hebräische Wörter sind ebenfalls Mantras, wie etwa: halleluja! Sie können die Wirkung direkt bei sich spüren. Das folgende Mantra kommt aus dem Buddhismus und hat mir vor Jahren, als ich mich sehr unsicher und unglücklich fühlte, geholfen.

Om Mani Padme Hum – Om, Juwel in der Lotosblüte

Durch Wiederholen dieses Mantras können Sie sich auf die heilige Stelle in Ihrem Innern einstimmen. Anders ausgedrückt: Sie stimmen sich auf dasjenige in Ihrem Innern ein, das von unschätzbarem Wert ist.

GEHEIMNIS 87

Yin und Yang, das Streben nach Gleichgewicht

Yang stellt das männliche Energieprinzip dar und Yin das weibliche, wie Sonne und Mond. Der Mond reflektiert die Sonnenenergie; deshalb ist die Energie des Mondes weiblich. Die Sonne erzeugt Licht aus sich selbst heraus und ihr Licht strahlt den Mond an. Die Sonne ist warm, der Mond ist kalt. Diese beiden Energiearten – männlich und weiblich – sind in jedem Menschen vorhanden. Bei einer Person, die sich im Gleichgewicht befindet, müssten diese beiden Energiearten im Prinzip ausgeglichen sein. Männliche Energie ist aktiv, weibliche Energie passiv. Im Idealfall würden wir, je nach Situation, eine aktive oder passive Haltung annehmen und müssten in der Lage sein, sehr schnell zu erkennen, ob unsere Position zu aktiv oder zu passiv ist. Das Ganze ist jedoch nicht so einfach. Engel sind weder weiblich noch männlich. Man könnte sich auch vorstellen, dass die Engel unser höheres Selbst darstellen, wo beide Energiearten in einem Gleichgewicht sind. Ältere Menschen haben meist, ohne sich dessen wirklich bewusst zu sein, ein ausgeglicheneres Verhältnis zwischen männlichen und weiblichen Anteilen in sich. Es ist so, als ob die menschliche Natur durch das Leben selbst oder dadurch, dass das Leben gelebt wird, letztlich in ein Gleichgewicht kommt.

Ihr eigenes Gleichgewicht

Um herauszufinden, ob Sie eher aktiv oder passiv sind, können Sie bei sich nachforschen: Sind Sie jemand, der immer auf alles eine Antwort weiß, der sich schnell für etwas erwärmen kann, ohne allzu ausführlich die Konsequenzen zu bedenken? Oder sind Sie eher ein Mensch, der lange grübelt und der sich schwer damit tut, Entscheidungen zu treffen? Wahrscheinlich sind Ihnen diese beiden Aspekte wohl bekannt und vielleicht erinnern Sie sich an Zeiten in Ihrem Leben, in denen Sie dem männlichen Aspekt näher waren, oder in denen Sie eine stark abwartende Haltung eingenommen haben. Aus eigenen Erfahrungen habe ich gelernt, dass, wenn man etwas wirklich will, alles daran setzen muss, es zu erreichen, bis man sein Ziel verwirklicht hat. Aber wenn man dann alles dafür getan hat, sollte man mit ruhigem Gewissen die Sache auch wieder loslassen. Jedes Projekt benötigt selbst auch aktive und passive Energie, um erfolgreich zu werden. Zu bestimmten Zeiten arbeiten Sie äußerst aktiv daran und in anderen Phasen denken Sie nach und träumen oder machen vorübergehend etwas ganz anderes. Wenn das Ziel, das Sie vor Augen haben, für Sie und andere eine gute Sache ist, dann wird sich der Erfolg einstellen. Sie werden das gewiss spüren, wenn

sich die Türen öffnen. Wenn Sie auf Dauer vor verschlossenen Türen stehen, ist es eventuell erforderlich, Ihre Energie anders einzusetzen oder sich einem anderen Projekt zuzuwenden.

Geben und nehmen, Yin und Yang, positiv und negativ, sind verschiedene Bezeichnungen für dasselbe Prinzip. Es sind die beiden Grundprinzipien des Universums und der menschlichen Natur. Der Zustand der Harmonie hängt vom Gleichgewicht zwischen diesen Kräften ab.

Sonnen- und Mondatmung bringen Ihre Energie in Balance

Das linke Nasenloch und die linke Seite der Wirbelsäule repräsentieren die Mondenergie: die empfangende Energie. Das rechte Nasenloch und die rechte Seite der Wirbelsäule stehen für die Sonnenenergie, die Energiequelle. Da der Mond sein Licht von der Sonne empfängt, wird die Mondseite die empfangende und die Sonnenenergie die strahlende Energie genannt.

Sie sitzen mit geradem Rücken und geschlossenen Augen auf einem Stuhl und verschließen mit dem Daumen der rechten Hand das rechte Nasenloch. Atmen Sie durch das linke Nasenloch aus. Zählen Sie bei der nächsten Einatmung durch das linke Nasenloch bis 4. Beim Ausatmen – wieder durch das linke Nasenloch – zählen Sie ebenfalls bis 4. Ihre Konzentration liegt auf dem Zählen während der Atemzüge. Einat-

men und: 1, 2, 3, 4; den Atem kurz anhalten und 1, 2, 3, 4 beim Ausatmen. Sie atmen ausschließlich durch Ihr linkes Nasenloch.

Wenn es gut klappt, zählen Sie, wenn der Atem zwischen Ein- und Ausatmen angehalten wird, bis 8. Das heißt, Einatmen und bis 4 zählen, den Atem anhalten, indem Sie mit dem kleinen Finger nun auch die linke Nasenöffnung verschließen, anschließend atmen Sie durch das linke Nasenloch aus und zählen bis 4. Wiederholen Sie das 8-mal hintereinander.

Jetzt machen Sie dieselbe Übung auf der rechten Seite: Verschließen Sie mit dem linken Daumen Ihr linkes Nasenloch, atmen Sie durch das rechte Nasenloch ein und aus und zählen Sie dabei jeweils bis 4. Zwischen dem Ein- und Ausatmen halten Sie den Atem an und zählen bis 8.

Es entsteht ein 4-8-4-Rhythmus, wodurch Ihr Atemrhythmus reguliert wird.

GEHEIMNIS

88

Das Wesen ist rein

Die Geschichte Marias, der Mutter Jesu, wie sie in der Bibel erzählt wird, könnten wir uns auch symbolisch vorstellen. Um wahre Liebe empfangen zu können, müssen wir Kontakt herstellen zu dem Unverfälschten, Puren, dem Reinen in uns. Aber das ist eine große Kunst. Wie macht man das, älter zu werden, aber keine Bitterkeit zu empfinden über die Verletzungen, die uns zugefügt wurden? Das Geheimnis besteht darin, dass der reine Ort in uns nie beschmutzt werden kann. Denken Sie an einen Spiegel, der mit einer Staubschicht bedeckt ist. Sobald der Staub entfernt wird, ist der Spiegel wieder klar und spiegelt unverfälscht. Solange der Spiegel mit Staub bedeckt ist, kann er auch nicht sauber reflektieren. Wie halten wir diese pure, unverfälschte Stelle in uns rein?

Tipps

[1] Durch verzeihen. Wenn Sie jemandem verzeihen, tun Sie sich selbst etwas Gutes.

[2] Sie können sich auf Licht konzentrieren. Im Licht verschwinden die Schatten. Atmen Sie Licht ein und aus. Sie werden sich erhellt fühlen.

[3] Verkleinern Sie jeden negativen Gedanken. Wenn Sie einen Gedanken denken, der Sie unglücklich macht, stellen Sie sich dann vor, wie er schrumpft, immer kleiner und kleiner wird, bis er sich aufgelöst hat. Sie können das machen, wann immer und so oft Sie wollen.

GEHEIMNIS

89

Schützen Sie sich durch Stille

Gewöhnen Sie sich an, einmal täglich zu einem festen Zeitpunkt in aller Stille bei sich zu sein. Seien Sie dankbar. Für jedes kleine Hindernis, das Sie überwinden, und jeden kleinen Fortschritt können Sie Ihre Dankbarkeit in Form eines Gebets an die kosmische Urkraft, an Gott oder an den Heiligen Geist richten. Sie können sich auch ein eigenes Dankbarkeitsritual schaffen oder eine Kerze anzünden und laut »Ich bin dankbar!« sagen. Sie werden daraus viel Freude gewinnen, weil Sie das Gefühl bekommen werden, nicht mehr ganz allein zu sein, sondern im Kosmos oder Universum gehört zu werden und Hilfe zu erhalten.

Versuchen Sie, sich vor negativen und entmutigenden Geschichten anderer zu verschließen. Die Menschen haben ihre Geschichten aus ihren Erfahrungen heraus. Fühlen Sie sich frei, nicht zuzuhören oder sich wenigstens nicht beeinflussen zu lassen.

Ziehen Sie sich in eine gedanklich geschaffene Zone der Stille zurück. Das können Sie am besten dadurch erreichen, dass Sie sich vorstellen, von einer Hülle aus Licht und Stille umgeben zu sein.

GEHEIMNIS 90

Sie sind ein verborgener Schatz

Wie bringen wir uns selbst in Einklang mit dem Willen Gottes, um den Sinn unseres Lebens zu verwirklichen? Das verlangt von uns, dass wir uns die Zeit nehmen, uns auf unser göttliches Erbe auszurichten. In der Stille unseres Herzes können wir die Stimme des Erbes hören oder mit ihm sprechen. Die erste Form ist die Meditation, die zweite das Gebet. Man kann die Form wählen, die am besten zu dem jeweiligen Moment in unserem Leben passt.

Zehn Jahre lang hegte ich den Wunsch, Yogaunterricht im Fernsehen zu geben. Yoga und Meditation haben mein Leben in einem solchen Maße bereichert, dass ich diese Techniken so vielen Menschen wie möglich nahe bringen wollte. Auch die Inspiration, die mir im Lauf der Jahre aus dem Sufismus zuteil wurde, nahm in meinem Leben und in meiner Arbeit immer mehr Raum ein.

Die große Herausforderung bestand für mich darin, eine Brücke zwischen diesem großen Wunsch und seiner Verwirklichung zu bauen.

1983 schrieb ich zum ersten Mal alle Fernsehsender an, worauf ich viele freundliche Briefe erhielt, die ausnahmslos besagten, man hätte kein Interesse. Alle drei bis vier Jahre schrieb ich erneut Briefe an alle Sender mit mehr oder weniger gleich bleibendem Ergebnis. Meistens hieß es, es gebe noch keine Sendezeit für ein Programm dieser Art. In der Zwischenzeit stellte ich immer bessere Yogaprogramme zusammen, die in zwei Büchern veröffentlicht wurden, von denen das zweite, »Fit door Yoga«, sehr gut ankam, sodass mein Vertrauen, auf dem richtigen Weg zu sein, wuchs.

1989 schrieb ich zum dritten Mal alle Fernsehsender an. Zwei Sender zeigten sich ausgesprochen interessiert, zogen sich aber im letzten Moment wieder zurück. Das war für mich eine sehr große Enttäuschung, und fast hätte ich schon den Mut verloren, hätte nicht etwas in mir gesagt: Mach weiter!

In dieser Zeit fühlte ich, dass ich Hilfe benötigte, um weiter an der Verwirklichung meines Wunsches zu arbeiten. Ich lernte eine polnische Sufi-Frau kennen, die mir beibrachte, sehr gezielt zu visualisieren. Weitere Unterstützung erhielt ich von einer amerikanischen Schamanin, Shakmah Winddrum, der ich von meiner Situation erzählte. Sie versicherte mir, dass sich mein Wunsch erfüllen würde, dass ich noch ein wenig durchhalten müsse, und überreichte mir ein Gebet, mit dessen Hilfe ich den Heiligen Geist anrufen konnte;

irgendwie hatte ich in meinem Alltag völlig vergessen, wie man das macht. Dennoch nahm ich mir vor, es sofort auszuprobieren.

Drei Jahre später klappte es. Und ich fühlte mich wie eine Mutter kurz nach der Geburt: müde, aber zufrieden. Wer einmal erlebt hat, dass ein Wunsch in Erfüllung geht, weiß, wie unglaublich viel Energie das kostet. Immer wieder muss man sich für die eine Sache entscheiden und andere Dinge dafür lassen. Ich fragte meinen 86-jährigen Vater einmal, was seiner Meinung nach unter der »unerträglichen Leichtigkeit des Seins« zu verstehen sei, und er antwortete, dass man sich im Leben immer wieder entscheiden müsse und dass die eine Entscheidung die anderen ausschließe und dass man sich manchmal frage, wie das Leben gelaufen wäre, wenn man eine andere Wahl getroffen hätte.

Je mehr wir auf unsere innere Stimme hören, desto deutlicher erfahren wir, in welche Richtung wir gehen müssen, wie ein Kompass, der tief in unserem Innern liegt, ein heiliger Ort in uns. Pir Vilayat Khan sagte einmal, wir seien außerirdische Wesen, die den Körper von der Erde geliehen hätten, um unseren Seelen die Erfahrung auf der Erde hinzuzufügen.

Ich finde das eine sehr schöne Art, das Leben anzunehmen. Ganz bestimmt gibt es die Seele, und jeder Mensch muss das immer wieder für sich entdecken. Wenn man glaubt, sein Ziel erreicht zu haben, dann bemerkt man, dass der Horizont noch ein Stück weiter weg liegt. Man geht wieder weiter, muss weiter, damit der

Schatz, der tief in uns verborgen ist, sich mehr und mehr zu erkennen gibt.

Hier nun das Gebet, das ich von Shakmah Winddrum erhalten habe. Es hat mich auf meinem Weg, meinen Wunsch zu realisieren, weiter gebracht.

Gebet an den Heiligen Geist

Heiliger Geist, der du mir alles zeigst und mir den Weg weist, um meine Ideale zu verwirklichen. Der du mir das heilige Geschenk gibst, damit ich alles, was mir an Leid zugefügt wurde, verzeihen und vergessen kann, und der du in jedem Augenblick in meinem Leben bei mir bist. In diesem kurzen Gespräch will ich dir für alles danken und dir sagen, dass ich unabhängig vom Umfang meiner materiellen Wünsche nie von dir getrennt sein möchte. Ich will zusammen mit denen, die ich lieb habe, bei dir sein.

Das Besondere dieses Gebets besteht darin, dass man zuerst seinen persönlichen Wunsch aussprechen und anschließend 3-mal laut das Gebet aufsagen muss. Machen Sie das an drei Tagen hintereinander. Da Sie erst Ihren Wunsch aussprechen und dann das Gebet beginnen, sind Sie gezwungen, zu hören, worum Sie bitten, und zu entdecken, was dem Wunsch im Wege stehen könnte. Sie werden sich die Gefühle bewusst machen können, die sich immer dann bemerkbar machen, wenn Sie Ihren Wunsch vor dem Gebet laut aussprechen. Vielleicht setzt das

einen Prozess in Gang. Wenn alles in Ihnen Ja sagt, wird es nicht mehr lange dauern, bis Ihr Wunsch in Erfüllung geht. Der Umstand, dass Sie Ihren Wunsch in der Form eines Gebets aussprechen, bewirkt ein Abstimmen auf den göttlichen Wunsch. Auf diesem Weg bringen wir unseren persönlichen Willen in Einklang mit dem Willen Gottes. Wenn der Wunsch innerhalb von drei Tagen nicht erfüllt wird, warten Sie eine Weile, und versuchen Sie es später wieder, so oft, bis es klappt.

Das Gebet habe ich mehrfach veröffentlicht und viele Briefe von dankbaren Menschen erhalten, deren Wünsche sich verwirklicht haben.

GEHEIMNIS 91

Entscheiden Sie sich für Frieden in Ihren Gedanken

Wir könnten uns die Menschen in der Rolle von Gottes »Mitschöpfern« vorstellen. Dadurch hätten wir Zugang zur schöpferischen Energie des Universums. Können Sie ermessen, was das bedeutet? Es besagt, dass wir viel mehr Macht über unsere Gefühle und Gedanken haben, als wir es für möglich halten. Und dass wir als Mitschöpfer auch dafür verantwortlich sind, was wir denken, und wohin dieses Denken führt.

Man kann Gedanken eine Richtung geben. Das erfordert Meisterschaft. Wie wird man der Meister seiner negativen Gedanken?

Wenn Sie negative oder ängstliche Gedanken bei sich bemerken, sollten Sie sie wie Freunde behandeln, und nicht wie Feinde. Sie könnten denken: Ich sehe dich, aber ich lasse mich bei meinem Tun nicht stören. Stellen Sie sich vor, Sie hätten den Gedanken: Ich habe Angst davor, auf die Straße zu gehen. Sie könnten dann wie folgt reagieren: Ich sehe dich, gehe aber dennoch auf die Straße. Dadurch identifizieren Sie sich mit dem Teil in sich, der Frieden stiftet.

Sie könnten Ihre Gedanken mit dem Wind vergleichen und sich selbst mit dem Kapitän auf einem Segelschiff. Auch wenn der Wind sehr kräftig bläst, ist man als Kapitän in der Lage, die Segel so zu setzen, dass das Schiff auf Kurs bleibt. Man wird fähig, eigene negative Gedanken und Gefühle zu identifizieren und sie in eine Richtung zu lenken, wo man sie haben möchte, damit sie einen nicht davon abhalten, das zu tun, was man tun will. Das erfordert Willensstärke und Geduld, aber das lässt sich – genauso wie das Segeln – erlernen, und dann kann die Ruhe nach dem Sturm einkehren.

Im Lauf der Zeit werden Sie spüren, wann die negativen Gedanken aufleben, und anstelle von Angst werden Sie sich für Frieden entscheiden. Bedenken Sie, dass Sie selbst verantwortlich sind für Ihren inneren Frieden, indem Sie Ihren Gedanken nicht den Kampf ansagen, sondern sie wahrnehmen und dann bewusst wieder loslassen.

Atmen Sie durch Ihr linkes Nasenloch ein, während Sie das rechte Nasenloch verschlossen halten, und nehmen Sie Ihre negativen Gedanken zur Kenntnis. Legen Sie nun den kleinen Finger auf das linke Nasenloch und atmen Sie durch das rechte aus, während Sie sich vorstellen, die Gedanken loszulassen und gereinigt zu sein.

GEHEIMNIS 92

Suchen Sie Ihren eigenen Weg zur Erleuchtung

Das folgende Lichtgebet können Sie jederzeit sprechen, um selbst lichtvoller zu werden:

Gib mir Licht in meinem Herzen
Gib mir Licht in meiner Kehle
Gib mir Licht in meinen Ohren
Gib mir Licht in meinen Augen
Lass Licht vor mir sein
Lass Licht hinter mir sein
Lass Licht über mir sein
Lass Licht unter mir sein
Gib mir Licht und erhelle mich
zu meinem eigenen Wohlbefinden und dem Wohlbefinden
aller Wesen.
So soll es geschehen!

GEHEIMNIS 93

Das kosmische Gebet

Das folgende Gebet wurde in einer Kirche in Amerika an die Wand geschrieben und hat vielen Menschen Trost gespendet. Wenn es Sie inspiriert, könnten Sie es kopieren und auf Ihren Schreibtisch stellen.

Desiderata

Gehe gelassen inmitten von Lärm und Hast und denke daran, wie ruhig es sein kann in der Stille.
Sei auf gutem Fuß mit jedermann, ohne dich aufzugeben.
Das, was du zu sagen hast, sprich ruhig und klar aus und höre andere an, auch wenn sie langweilig oder töricht sind, denn auch sie haben an ihrem Schicksal zu tragen.
Meide die Lauten und Streitsüchtigen, sie verwirren den Geist.
Vergleichst du dich mit anderen, kannst du hochmütig oder verbittert werden, denn immer wird es Menschen geben, die bedeutender und besser sind als du.

Erfreue dich am Erreichten und an deinen Plänen. Bemühe dich um deinen eigenen Beruf, wie bescheiden er auch sein mag; er ist ein fester Besitz im Wechsel der Zeit.
Sei vorsichtig bei deinen Geschäften, denn die Welt ist voller Betrüger. Aber lass deswegen das Gute nicht aus den Augen, denn auch Tugend ist vorhanden. Viele streben nach Idealen, und überall im Leben gibt es Helden.
Sei du selbst. Täusche vor allem keine falschen Gefühle vor. Sei auch nicht zynisch, wenn es um Liebe geht, denn trotz aller Öde und Enttäuschung verdorrt sie nicht, sondern wächst weiter wie Gras.
Höre freundlich auf den Ratschlag des Alters und verzichte mit Anmut auf die Dinge der Jugend. Stärke die Kräfte deines Geistes, um dich bei plötzlichem Unglück dadurch zu schützen. Quäle dich nicht mit Wahnbildern. Viele Ängste werden durch Müdigkeit und Einsamkeit geweckt. Bei aller angemessenen Disziplin – sei freundlich mit dir selbst.
Genau wie Bäume und Sterne, so bist du ein Kind der Schöpfung. Du hast ein Recht auf deine Existenz. Und auch wenn du das nicht verstehst, entfaltet sich die Welt gewiss nach Gottes Plan. Bleibe also in Frieden mit Gott, was auch immer er für dich bedeutet, und was immer deine Sehnsüchte und Mühen in der lärmenden Verworrenheit des Lebens seien – bewahre den Frieden in deiner Seele.
Bei allen Enttäuschungen und zerronnenen Träumen ist es dennoch eine schöne Welt. Sei vorsichtig. Strebe danach, glücklich zu sein.

St. Pauls Kirche in Baltimore, 1692

GEHEIMNIS 94

Dreamtime Healing

Zum ersten Mal in meinem Leben habe ich eine mir bisher unbekannte, jedoch sehr angenehme Entspannungstechnik erprobt: Dreamtime Healing. Es handelt sich um eine primitive Entspannungsart, die von den australischen Aborigines erfunden wurde (Infos dazu s. Adresse im Anhang).

Ich musste mich auf einem weichen Teppich auf den Rücken legen und die Augen schließen. Zu Beginn wurde Salbei verbrannt, ein Ritual zur Reinigung. Margret, die das Healing ausführte, stellte das Gefäß mit den brennenden Salbeiblättern in meine Nähe. Der Rauch des Salbeis soll den Menschen von den Einflüssen der Außenwelt und den Spannungen, die er in sich trägt, reinigen.

Als Nächstes spielte sie auf dem Didgeridoo, einem Blasinstrument der Aborigines, das aus einem langen, ausgehöhlten Baumstamm hergestellt wird. Bläst man in das Instrument, entsteht ein tiefer Urlaut. Auch Obertöne können produziert werden. Ab und zu kam mir Margret mit dem

Didgeridoo ganz nahe und mir war, als gingen Geräuschwellen durch mich hindurch.

Langsam verlor ich mein Zeitempfinden. Ich befürchtete einzuschlafen, und das hätte ich schade gefunden, aber stattdessen geriet ich in eine Art Traum, während mein Bewusstsein wach blieb. Eine sehr tiefe Entspannung und das Gefühl des Wohlergehens überkamen mich. Ich fühlte mich umgeben von Liebe und blauem Himmel, und es waren noch andere, liebe Wesen um mich herum – Indianer, wenn ich mich nicht irre. Ich wähnte mich in der freien Natur und empfand ein Nachhausekommen.

Auf einmal, viel zu früh für mein Gefühl, hörte ich Margrets Stimme: Kehre jetzt wieder zu deiner Atmung zurück. Ich fand es fantastisch in dieser Dreamtime und hatte noch gar keine Lust, zurückzukommen, aber das Healing war vorbei. Durch die außergewöhnlichen Klänge des Didgeridoo war ich in diese tiefe Entspannung gekommen, und das alles inmitten der Innenstadt von Amsterdam.

GEHEIMNIS 95

Midlifecrisis

C. G. Jung schreibt sinngemäß in einem seiner Bücher: Wenn ein Mann und eine Frau heiraten, dann heiraten sie auch die unsichtbare Frau hinter dem Mann und den unsichtbaren Mann hinter der Frau. Er meint damit, dass mit dem Älterwerden des Mannes und der Frau das zunächst Verborgene mehr in den Vordergrund tritt. Für die meisten Beziehungen ist das ein schwieriger Moment. Inwieweit sind wir bereit, den anfangs verborgen gebliebenen Anteilen unseres Partners eine Chance zu geben? In vielen Beziehungen gibt es feste Rollenmuster für Mann und Frau, zu denen meistens gehört, dass vor allem die Frau für die Familie sorgt, auch wenn sie berufstätig ist. Aber wenn die Kinder größer werden, dann muss sich die Frau nach neuen Inspirationsquellen umsehen. Man ist nicht mehr ganz jung, aber auch noch nicht alt. Was jetzt? Viele Frauen geraten in dieser Phase in eine Depression. Gewiss ist das mittlere Lebensalter eine Zeit, die auch viele körperliche Veränderungen mit sich bringt, vor allem für Frauen. Der Hormonhaushalt stellt sich auf das Ende der Reproduktionszeit (Wechseljahre) um. Das ist auch schwierig für viele Frauen, die keine Kinder bekommen haben.

Bei Männern bringt die Lebensmitte ebenso viele Veränderungen mit sich. Zahlreiche Männer, die viel und hart gearbeitet haben, um das Geld für den Lebensunterhalt der Familie zu verdienen, beginnen sich zu fragen, ob das nun alles gewesen sei. In dieser Phase möchten Männer mehr Zeit mit ihren Kindern verbringen, bevor es zu spät ist, oder sich einem Hobby widmen, für das sie nie genug Zeit hatten.

Die bewusste Erkenntnis, dass das Leben nicht ewig dauert, wird häufig dann verstärkt, wenn ein Elternteil stirbt oder erkrankt. Das setzt in den meisten Fällen einen tief greifenden Transformationsprozess in Gang. Wir müssen die Dinge, die wir tun, nun nicht mehr für einen anderen tun, etwa um Vater oder Mutter eine Freude zu machen.

Aber auch der enorme Trauerprozess beim Verlust des Vaters oder der Mutter wird meist gehörig unterschätzt. Wer hinterher gestärkt daraus hervorgehen will, der muss erst durch den Schmerz des Verlustes hindurchgehen. Das Zulassen und Akzeptieren dieses Schmerzes wird das Herz auf Dauer heilen und einen Neubeginn ermöglichen.

Eine Midlifecrisis kann man als eine Zeit sehen, die ein Ende beschreibt und einen Neuanfang mit sich bringt. Vieles muss man hinter sich lassen: Vorstellungen, Menschen. An deren Stelle treten neue Vorstellungen, andere Menschen, vielleicht eine neue Arbeit. Öffnen Sie sich dem Neuen.

Die folgende Übung will Ihnen neue Einsichten nahe bringen, sodass Sie die Midlifecrisis als jene Bereicherung erfahren können, die sie tatsächlich ist.

Midlifecrisis als Neuanfang

[1] Versuchen Sie herauszufinden, wie viel das Leben in Sie investiert hat (Eltern, Lehrer, Schulen, Ausbildung, Arbeitgeber, Beziehungen und Freunde usw.). Schreiben Sie es auf.

[2] Welche Eigenschaften haben Sie sich bisher angeeignet? Was beherrschen Sie besonders gut? Schreiben Sie alles auf.

[3] Werfen Sie einen Blick zurück und führen Sie sich vor Augen, was Sie bis jetzt schon alles gemacht haben. Es gehört Ihnen. Seien Sie ruhig stolz darauf. Schreiben Sie auf, was Sie alles erreicht haben und was davon besonders wichtig für Sie war. Urteilen Sie vor allem nicht! Ohne diese vielen Erfahrungen wären Sie nicht die/derjenige geworden, die/der Sie nun sind!

GEHEIMNIS 96

Tantra: Spannung und Entspannung in der Liebe

Eine erwachsene Liebesbeziehung ist etwas völlig anderes als eine erste Verliebtheit. Es handelt sich dabei mehr um eine Beziehung zwischen zwei ebenbürtigen Menschen. Dafür ist allerdings Voraussetzung, dass wir gelernt haben, uns selbst zu lieben, sodass ein anderer Mensch eine echte Ergänzung in unserem Leben ist und keine Obsession oder Abhängigkeit.

Die Liebe tragen Sie in sich und sie ist nicht von anderen abhängig, aber Sie können sie auf unterschiedliche Weise auf einen oder mehrere Menschen richten. Für mich ist der nun folgende Text eine der besten Beschreibungen echter Liebe:

»Liebhaben von Mensch zu Mensch: Das ist vielleicht das Schwerste, was uns aufgegeben ist, das Äußerste, die letzte Probe und Prüfung, die Arbeit, für die alle andere Arbeit nur Vorbereitung ist. (...) Lieben ist zunächst nichts, was aufgehen, hingeben und sich mit einem Zweiten vereinen heißt, (...) es ist ein erhabener Anlass für den Einzelnen, zu reifen, in sich etwas zu werden, Welt zu werden, Welt zu werden für sich um eines anderen willen, es ist ein großer, unbescheidener Anspruch an ihn, etwas, was ihn auserwählt und zu Weitem beruft.« (Rainer Maria Rilke: Briefe an einen jungen Dichter. Berlin 1951)

Verliebtheit hat viel mit Aufmerksamkeit zu tun. In dem Moment, in dem wir uns verlieben, kommt es uns so vor, als sähen wir den betreffenden Menschen zum ersten Mal. Wenn man seit mehreren Jahren monogam lebt, ist es normal, dass sich die sexuelle Beziehung auf bestimmte Muster eingefahren hat. Wenn Ihre Beziehung auf verschiedenen anderen Ebenen noch gut funktioniert, dann könnte Tantra vielfältige neue Inspirationen bieten.

Im Tantra wird, ähnlich wie beim Yoga, von der Beherrschung der Impulse ausgegangen. Das Zurückhalten von Energie durch die Beherrschung bestimmter Impulse kann zu sexueller Ekstase führen. Man kann der eigenen Fantasie und Kreativität dabei weitgehend freien Lauf lassen, aber bestimmte, wichtige Richtlinien muss man im Tantra einhalten. Eine der wichtigsten Bedingungen ist, dass die Partner sich gegenseitig vertrauen und dass sie ein Bündnis eingehen, dessen erklärtes Ziel es ist, sich während der Tantrasitzungen gegenseitig glücklich zu machen und keinesfalls zu verletzen.

Weitere wichtige Faktoren sind Zeit und Aufmerksamkeit. Wer Kinder hat, lässt sie einmal bei anderen Menschen übernachten. Alle Telefone und Faxgeräte sollte man möglichst weit vom Schlafzimmer entfernen. Ideal ist es, wenn Sie drei Tage zusammen sein können, ohne gestört zu werden. Später können Sie sich auch in regelmäßigen Abständen zu einer Tantrasitzung für eine Nacht oder einen bestimmten Zeitraum verabreden. Eine Verabredung ist für sich genommen schon sehr aufregend, vor allem bei langjährigen Partnern.

Am ersten Tag bereiten Sie das Schlafzimmer vor. Keine Geräusche, herrliche Blumen, ausgesuchte Parfüms, Obst, Weihrauch und eine Kerze. Auch ein kleiner Altar, auf dem Sie alles darbieten, wäre denkbar.

Am vereinbarten Tag setzen Sie sich in der Nähe des Altars einander gegenüber. Setzen Sie sich nahe zueinander, sodass Sie sich problemlos berühren können. Sie sind beide nur leicht bekleidet oder nackt.

Nachdem Sie die Kerze angezündet haben, sehen Sie sich in die Augen. Versuchen Sie, Ihren Partner/Ihre Partnerin wie einen Gott/eine Göttin zu sehen. Lassen Sie Ihre Aufmerksamkeit nicht abschweifen, konzentrieren Sie sich auf Ihre Atmung und auf Ihren Partner. Langsam wird die Schönheit des anderen deutlicher sichtbar.

Sie berühren sich nun abwechselnd und zwar nur mit den Fingerspitzen. Sie können Ihre Berührung bei den Chakren (Energieknotenpunkte) als Schutz für den Partner beginnen.

Als Erstes ist das unterste Chakra bei den Geschlechtsorganen an der Reihe. Stellen Sie sich an der entsprechenden Körperstelle ein rotes Licht vor. Ihre Finger sind wie magische Laserstrahlen, die alles, was sie anfassen, beleuchten. Fast ohne eine wirkliche Berührung bewegen Sie sich weiter zum zweiten Chakra, knapp unterhalb des Bauchnabels.

Stellen Sie sich hier als Farbe ein helles Orange vor. Etwas höher, zwischen den Rippen, verweilen Sie für eine Berührung und stellen sich ein helles Gelb vor. Wenn Sie nun zur Herzgegend kommen, dem Ort der Liebe und der Freude, berühren Sie diese sehr sanft, während Sie sie mit einem grünen Licht abschirmen. Dann, beim Kehlkopf, stellen Sie sich als Schutz für das Kehlkopfchakra ein rosafarbenes Licht vor. Die Lippen können Sie ebenfalls schützend mit einem rosafarbenen Licht versehen. Beim dritten Auge, das sich zwischen den Augenbrauen befindet, stellen Sie sich ein eisblaues Licht vor, während Sie diese Stelle berühren und beschützen. Das letzte Chakra, das Kronenchakra, befindet sich an der Fontanelle und stellt die Verbindung zwischen Himmel und Erde dar. Bei Neugeborenen ist diese Stelle offen und wächst erst langsam zu. Berühren Sie diese Stelle und beschützen Sie sie mit einem klaren, weißen Licht, einem Licht wie aus einem Autoscheinwerfer.

Eine Tantrabegegnung, die auf diese Art begonnen wird, ist nicht nur erotisch, sondern wirkt sich auch heilsam auf den Partner aus. Wenn Sie fertig sind, macht Ihr Partner bei Ihnen dasselbe. Musik kann dazu inspirierend wirken. Bei der ersten Begegnung soll es beim gegenseitigen Ansehen und beim sehr subtilen Berühren bleiben.

Bei der zweiten Begegnung können Sie mit Berührungen und Streicheln experimentieren und sich auch im Intimbereich berühren. Während Sie Ihren Partner berühren, können Sie sich ein Bild davon machen, wie Sie gern berührt werden möchten. Das fügt der Liebe eine magische Dimension hinzu.

Im dritten Stadium dürfen Sie alles tun, vorausgesetzt, Sie bauen es sehr langsam auf. Der Mann darf erst am Ende der dritten Begegnung zum Orgasmus kommen. Für viele Männer ist das schwierig, kann aber durch Konzentration auf die Atmung erlernt werden. Jedesmal, wenn der Mann kurz vor dem Orgasmus ist, konzentriert er sich auf seine Atmung. Die Beherrschung des Mannes ist nicht nur fantastisch für die Frau, sondern auch für ihn selbst. Beide Partner können eine Explosion der Liebe und der Energie erleben, die sich heilsam und verjüngend auf sie auswirken wird.

Beenden Sie das Liebesspiel mit Küssen und dem Gedanken, den anderen zu beschützen. Ich wünsche Ihnen viel Vergnügen und Ekstase!

GEHEIMNIS 97

Die Magie der Liebe

Beziehungen sind ein Weg zur Spiritualität.

Sowohl unsere Freundschaften als auch unsere Liebesbeziehungen geben uns die Möglichkeit, uns selbst und den anderen kennen zu lernen. Dieser Weg führt nicht immer über Rosen. Wir alle befinden uns in Wachstumsprozessen. Niemand steht am Ende des Wachstums oder ist so weit erleuchtet, dass er auf der Erde keine Aufgaben mehr hätte. Darum ist der Weg der Liebe auch der Weg zum Göttlichen.

Zu den Dingen, die wir tun können, um die Magie der Liebe kennen zu lernen, gehört, uns bewusst zu werden, dass wir selbst für die Liebe, die wir geben, verantwortlich sind. Wir können nämlich nicht erwarten, dass unser Gegenüber sich immer wieder dem Bild angleicht, das wir uns von ihm/ihr gemacht haben. Wie wohlwollend Ihr Partner oder Freund auch sein mag, es wird ihm auf Dauer nicht gelingen, den Bildern zu entsprechen, die Sie von ihm haben. Wenn wir das Leben als ständige Veränderung und als fortwährenden Wachstumsprozess sehen, erkennen wir auch, dass alle Menschen sich immer wieder verändern.

Liebe ist frei. Das heißt, es gibt nichts zu erwarten, nur zu geben. Wenn Sie sich zu Ihrer Freundin, Ihrem Mann oder Ihrem Kind so verhalten, wie Sie selbst von ihnen behandelt werden möchten, erlangen Sie dadurch eine gewisse Freiheit. Sie sind nicht länger vom Ergebnis abhängig. Sie sind frei.

Auf die Umgebung hat das meist eine magische Wirkung. Ihr Gegenüber spürt Ihre Aufrichtigkeit und Ihre Liebe und reagiert darauf. Wenn der eigene Partner durch eine schwierige Phase geht, ist es nicht einfach, eine positive Haltung zu bewahren. Aber würde man sich von der negativen Einstellung des Partners mitreißen lassen, wäre das ungefähr gleichbedeutend damit, Öl in ein Feuer zu gießen: Der Brand würde sich nur noch mehr ausbreiten. Versuchen Sie, wenn Sie den anderen lieben, sich an seine positiven Eigenschaften zu erinnern und ihm diese zurückzuspiegeln. Wenn Sie der Meinung sind, Sie hätten alles versucht, und wenn Ihre Geduld langsam zu Ende geht, können Sie noch versuchen, sich zu erinnern, warum Sie sich in den Partner verliebt haben. Daran werden Sie erkennen können, dass Sie Ihren Partner lieben und dass der Zustand, in dem er sich befindet, vorübergehender Natur ist. Wenn Ihnen das gelingt, werden Sie dankbar sein. Ihre gegenseitige Liebe wird wachsen.

Natürlich ist es auch richtig, dass manche Beziehungen einen sehr negativen Einfluss auf Ihr Leben ausüben. Wenn Sie wirklich versucht haben, den anderen lieb zu haben, und fühlen, dass Sie im Ergebnis sich und Ihrer Umgebung nichts Gutes tun, ist es vielleicht an der Zeit, diese Beziehung loszulassen. Liebe kann in manchen Fällen auch bedeuten, dass Sie loslassen müssen, wie schmerzhaft das für beide auch sein mag. Manchmal ist ein Mensch in negativen Mustern gefangen und die beste Hilfe ist, auf Distanz zu gehen, sodass der Betroffene die Konfrontation mit sich selbst angeht. Manchmal ist die Distanz nur vorübergehend und manchmal sind gemeinsames Wachstum und Liebe nicht mehr möglich. Vertrauen Sie dann der kosmischen Weisheit und Liebe, übergeben Sie die Dinge. Ein neuer Weg wird sich für beide erschließen.

Ich kenne zwei wunderbare alte Frauen von 90 bzw. 93 Jahren. 20 Jahre lebten sie im selben Haus, waren dicke Freundinnen und hatten sich von Herzen gern. Dennoch gab es einen Moment, in dem sie beschlossen, sich trotz ihres hohen Alters räumlich wieder zu trennen. Ich fragte eine der beiden nach dem Warum und sie antwortete: »Wir projizierten unsere Ängste zu sehr aufeinander und konnten deshalb nicht mehr so nahe zusammen sein. Jetzt wohnen wir wieder getrennt und es geht uns beiden besser, obwohl wir uns genauso gern haben wie vorher und uns regelmäßig sehen.« Das war für

mich ein wunderschönes Beispiel für die Magie der Liebe. Es ist gelegentlich nötig, Distanz zu schaffen, um näher zueinander kommen zu können.

Magie der Liebe entwickeln und fördern

Niemand ist perfekt, aber mit den folgenden Übungen können Sie Ihrem Partner oder Ihren Freunden auf dem Weg zur Vollkommenheit helfen.

Stärke visualisieren

Indem Sie die Eigenschaften, die bei einer Person latent vorhanden sind, projizieren und visualisieren, können Sie dieser Person bei der Entwicklung dieser Eigenschaften helfen. Haben Sie z. B. den Eindruck, jemand sei nicht stark genug, können Sie Stärke projizieren. Sie stellen sich vor, dass gerade dieser Mensch ganz besonders stark sei. Derjenige, auf den diese Projektion trifft, wird sich gestärkt fühlen. Sie können ihm auch sagen, dass Sie ihn stark finden, oder ihm Anekdoten über sein Leben erzählen, die ihn im Besitz seiner vollen Kraft und Stärke darstellen.

Überlegen Sie einmal, wie das auf Sie wirkt, wenn Ihnen jemand sagt, er/sie fände Sie schön. Sie strahlen dann sofort! Überlegen Sie, wie die Welt aussähe, wenn wir uns gegenseitig unterstützen würden, anstatt

uns gegenseitig Steine in den Weg zu legen. Bei unseren Freunden und Geliebten sollten wir sehr vorsichtig mit Kritik umgehen. Komplimente verrichten Wunder.

Das Yoga der Liebe

Fragen Sie Ihren Partner/Ihre Partnerin, wie sein/ihr idealer Liebesabend oder Liebestag aussehen würde, und verabreden Sie sich dann, um die Vorstellung zu verwirklichen. Beim nächsten Mal tauschen Sie die Rollen. Das ist das Yoga der Liebe!

Fußmassage mit ätherischen Ölen

Waschen Sie die Füße Ihres/Partners/Ihrer Partnerin erst in einer kleinen Wanne mit warmem Wasser und Badeschaum. Massieren Sie dann seine/ihre Füße mit einem herrlich duftenden ätherischen Öl.
Nehmen Sie sich Zeit dafür.

GEHEIMNIS

98

Vertrauen Sie dem Lebensprozess

Wenn Sie meine persönliche Geschichte gelesen haben, können auch Sie Ihre Lebensgeschichte, Ihre Autobiografie, schreiben. Notieren Sie die Dinge genau so auf, wie Sie Ihnen einfallen. Schreiben Sie über Ihre Kindheit, Ihre Jugend, Ihre Schulzeit (ab der Grundschule bis heute), Ihre Eltern. Schreiben Sie nieder, was wichtig war, Höhepunkte, Tiefpunkte, Ihre Ängste.

Welches Thema kehrt zurück? Wo sind Sie in einer Sackgasse gelandet, wann und warum? Sie werden Einsichten gewinnen zu Fragen wie: Wer bin ich, woran glaube ich, was brauche ich, was tut mir gut und was tut mir nicht gut? Schreiben Sie Ihre eigene Geschichte auf, lesen Sie sie und – entspannen Sie sich. Sie sind wunderbar, so wie Sie sind! Obwohl ich Sie nicht kenne, weiß ich, dass Sie ein wunderbarer Mensch sind, und ich hoffe, dass Sie das entdecken werden. Das größte aller Geheimnisse sind Sie! Entspannen Sie sich, Sie genügen voll und ganz.

Meine Geschichte beginnt mit meiner Geburt vor langer Zeit. Ich hatte ein ungeheures Bedürfnis nach Liebe und Wärme, das durch einen einzigen Menschen kaum zu befriedigen war. Ich sehnte mich nach Vereinigung mit einem geliebten Wesen. Als zweijähriges Mädchen konnte ich bereits sehr gut sprechen, und da meine Schwester noch nicht geboren war, fantasierte ich einen Freund herbei: Pulito. Er wohnte hinter dem Vorhang; manchmal spielte ich stundenlang mit ihm und vertraute ihm alles an. Wenn ich verschwunden war, wusste meine Mutter, wo sie mich finden konnte: hinter dem Vorhang und damit in Sicherheit. Meine Eltern führten ein sehr bewegtes Leben. Mein Vater war ein niederländischer Diplomat und meine Mutter eine argentinische Schönheit. Sie lernten sich in den frühen 50er Jahren in Buenos Aires kennen. Schon bald musste meine Mutter ihre eigene Familie und ihr Land verlassen, um meinen Vater nach Uruguay zu begleiten. Ihr gesellschaftliches Leben war äußerst lebhaft; es gab viele Partys und für mich war ein schwarzes Kindermädchen da. (Später sollte eine schwarze Schamanin eine wichtige Rolle in meinem Leben spielen.)

Meine Mutter wurde schwanger mit meiner jüngeren Schwester Diana und meine Eltern beschlossen, in ein größeres Haus zu ziehen. Plötzlich waren, ohne jegliche Vorwarnung, die Vorhänge weg. Zum ersten Mal erlebte ich den Schmerz eines gebrochenen Herzens. Ich war untröstlich und weinte unaufhörlich. Endlich kam mein Vater nach Hause, hob mich hoch und hielt mich in seinen Armen.

»Was ist denn los?«, fragte er.

»Pulito ist weg«, antwortete ich. »Ich habe ihn überall gesucht, unter dem Sofa, hinter der Tür, aber er ist verschwunden. Er wohnte hinter dem Vorhang.«

»Nun mach dir mal keine Sorgen«, sagte mein Vater, »morgen wird er wiederkommen, du wirst sehen.«

Am nächsten Tag hängte mein Vater schnell die Vorhänge im neuen Haus auf und siehe da, Pulito war wieder da!

Als ich sechs wurde, zogen wir nach Kolumbien. Inzwischen hatte ich eine zweite Schwester bekommen, Monica. Wir Mädchen hatten es schön miteinander. Es gab jede Menge zu lachen und wir spielten viel zusammen. Manchmal gab es allerdings derart heftige Streitereien, dass meine Mutter uns in drei verschiedene Zimmer einsperren musste. Aber die Verbundenheit zwischen uns Schwestern wuchs, besonders dann, wenn wir umgezogen waren und niemanden kannten.

Kolumbien war zu der Zeit eine Art Wilder Westen. Wir bekamen als Kinder die schrecklichsten Geschichten zu hören. Über Busse, die vom Bandenführer Sangre Negra – das heißt schwarzes Blut – überfallen wurden. Die Menschen wurden beraubt und es wurde ihnen die Kehle durchgeschnitten. Wir sahen auch regelmäßig Fotos von solchen Überfällen in der Zeitung.

Meine Mutter lebte in ihrer Welt, Partys und Schönsein. Sie wollte uns vor der Außenwelt beschützen, so wuchsen wir sehr behütet auf, in einem großen Haus mit einer Obstbaumwiese, einem weitläufigen Garten und einer großen Mauer darum. Unser Leben spielte sich im Garten und im Haus ab, und daneben besuchten wir eine internationale Schule. Aber ich war neugierig auf die Welt hinter der Mauer, wo ich aber nie hingehen durfte, weil es »zu gefährlich« war. Gleichzeitig fühlte ich mich meiner Mutter gegenüber verpflichtet. Ich dachte mir, wenn sie das sagt, wird es schon seine Richtigkeit haben.

Später in meinem Leben habe ich erkannt, dass dieselbe Mauer, die unser Haus umgab, auch um mich herum existierte. Da meine Mutter sich zu einem großen Teil vor ihren eigenen Gefühlen verschlossen hatte, konnte sie auch nicht mit meinem empfindsamen Herzen umgehen. Ich durfte nie weinen und musste als älteste Schwester immer auf meine jüngeren Geschwister aufpassen.

Ich erinnere mich, dass wir sonntags häufig Aufführungen für meine Eltern veranstalteten. Mein Eltern saßen auf der Couch und hatten alle Zeit der Welt für uns. Weil ich mich aber so verantwortlich fühlte, erlaubte ich mir nie, so richtig mitzumachen. Ich fühlte mich zu alt, um Kind zu sein. Bei manchen Stücken spielte ich zwar mit, blieb aber immer auch irgendwie Zuschauerin. Es machte mir Spaß, den Clown zu spielen, obwohl mir manchmal mehr zum Weinen als zum Lachen zumute war.

Oft gab es bei uns zu Hause große Feste, an denen wir aber nie teilnehmen durften. Nur zu Beginn des Abends durften wir kurz hinunter gehen, alle drei in genau dem gleichen tollen Kleid. Wir sollten allen Gästen die Hand geben und uns verbeugen. Ich verweigerte die Verbeugung und wurde sofort wieder nach oben geschickt. Dort blieb ich an der Treppe stehen und blickte heimlich hinunter auf die schönen Frauen und Männer, die wunderschöne Kleider und Anzüge trugen.

Meine Schwestern und ich spielten immer in unserem großen Garten. Wir kletterten auf Bäume und pflückten die Mangos und Papayas. Wir bereiteten herrliche Obstsalate zu. Wir hatten Hunde, Hühner und Enten. Manchmal bekam ich meinen Vater oder meine Mutter für mehrere Tage nicht zu Gesicht. Mein Idealleben gestaltete ich dann in meiner Fantasie: Zusammen mit meinen Schwestern und unseren Freunden lebten wir ohne Eltern in einem Zugwaggon. Als ich zwölf war, kam am ersten Januar meine jüngste Schwester zur Welt. Wir durften einen Namen für sie auswählen und nannten sie Suzanne.

Die Sommer verbrachten wir auf einer Hazienda im Dschungel. Während die Erwachsenen zur warmen tropischen Mittagszeit schliefen, spielten wir mit Schlangen. Große Leguane liefen wie Drachen um uns herum. Wir hatten eigentlich vor nichts Angst.

Die Menschen, die auf dem Land arbeiteten, waren unsere Freunde. Mittags erzählten sie uns von Feuerbällen, die ungehorsame Kinder fraßen, brachten uns aber auch mit lustigen Geschichten zum Lachen.

Als ich 14 Jahre alt war, wurde dieser magischen Kinderzeit ein abruptes Ende gesetzt. Von einem Tag auf den anderen erfuhren wir, dass wir umziehen müssten. Wohin, war noch nicht bekannt. Die Hunde und die anderen Haustiere wurden weggegeben. Eines Tages, kurz vor unserer Abreise, schaute ich in den Kühlschrank, und was sah ich zu meinem bloßen Entsetzen? Unsere Hühner – von denen jede von uns eines zum Versorgen hatte – mit ausgerupften Federn im Tiefkühlfach. Ich war völlig entsetzt und furchtbar wütend auf meine Mutter.

Wir reisten nach Den Haag ab. Dort war alles seltsam und es roch ganz anders als in Südamerika. Wir sprachen kein Wort Niederländisch. Ich fühlte mich wie ein außerirdisches Wesen, das auf einem unbekannten Planeten gelandet war. Außer einer Tante meines Vaters und einigen entfernten Cousinen hatten wir dort keine Verwandten. Die Cousinen waren aber wunderbar. In afghanische Mäntel gehüllt und mit kleinen Glöckchen um den Hals nahmen sie uns mit nach Amsterdam. Ich kaufte mir gleich einen Minirock und Glöckchen und fühlte mich wie zu Hause.

Mein Vater erfuhr, dass wir nach Guatemala gehen würden. Wir schauten zusammen in den Weltatlas. Es würde dort warm und schön sein. Als unser Flugzeug mitten im Dschungel landete, glaubten wir an einen Zwischenaufenthalt, aber mein Vater meinte: Hier sind wir!

Zwischen meinem 14. und 19. Lebensjahr lebten wir in Guatemala. Ein herrliches Land mit sehr lieben Menschen, Indianern mit alten Traditionen. Alles lief bestens. Ich verliebte mich in einen Jungen, der, wie sich herausstellte, der Sohn eines der reichsten Männer des Landes war. Meine Mutter war erfreut. Wir schmiedeten bereits Hochzeitspläne. Aber als das Märchen kurz vor der Verwirklichung stand, erhielt mein Vater wieder eine Nachricht: Wir sollten ins Nachbarland Mexiko umziehen.

Das Umziehen mochte ich sowieso nicht, aber dieses Mal war es fürchterlich. Ich musste meinen Verlobten zurücklassen. Obwohl wir noch nicht zusammen geschlafen hatten, war meine Liebe zu ihm sehr groß.

Der Schmerz und die Unsicherheit, zum x-ten Mal alles verlassen zu müssen, was mir lieb war, übermannten mich.

In Mexiko konnte ich mich nirgends eingewöhnen. Ich wechselte von einer Universität zur nächsten, von einem Studiengang zum anderen. Mein Vater hatte immer gesagt: Arbeiten oder studieren Also entschied ich mich für ein Studium. Erst Psychologie, dann Soziologie.

Mit 21 lernte ich an der Universität Danny kennen. Er war ein paar Jahre älter als ich. Ich verbrachte die ganze Zeit mit ihm und studierte nicht mehr. Das war der Anfang der schwierigsten Zeit meines Lebens. Da ich so sensibel war, konnte ich das unregelmäßige Leben überhaupt nicht ertragen, aber die Sehnsucht, mich in die Liebe zu flüchten, weg aus der alltäglichen Wirklichkeit, war so mächtig, dass ich ganz darin aufging.

Er wurde mein erster Liebhaber, aber es hielt nicht lange. Mexiko war – ganz sicher zu der Zeit – eine Männergesellschaft. Ich kam aus einer Frauenfamilie und war nicht daran gewöhnt, mich ständig anpassen zu müssen. Wir stritten uns. Ihm war alles erlaubt und mir nichts. Schließlich ließ er mich allein und verwirrt zurück. Der Schmerz war unerträglich. Ich hatte an die Liebe geglaubt, aber offenbar musste ich, um zu mir selbst zu finden, meinen Liebsten zurücklassen. Ich war davon überzeugt, dass ich nun nie mehr heiraten könne, da ich ja keine Jungfrau mehr war.

Zu allem Überfluss rief die Universität bei meinem Vater an, weil ich ein ganzes Jahr lang keine Vorlesungen besucht und keine Prüfungen abgelegt hatte; ich wurde exmatrikuliert. Ich schämte mich vor meinem lieben Vater, der mich immer so unterstützt hatte. Ich fühlte mich verloren, gehörte nicht mehr nach Hause, aber wohin gehörte ich dann?

Von Monica erhielt ich einen Brief aus Amsterdam. Sie war ein Jahr zuvor in die Niederlande gegangen, um zu studieren. Sie fragte mich, ob ich nicht Lust hätte, auch zu kommen. Meine Mutter befürchtete, ich käme nie mehr an den Mann. Ich war schließlich schon 22 Jahre alt. Ich beschloss, Monica zu folgen. Dort musste man als Frau wenigstens nicht Jungfrau sein. Ich wollte mein Leben selbst in die Hand nehmen, um jedem Preis.

In dem Augenblick, als ich das Flugzeug betrat, war ich frei. Ich lernte Niederländisch und studierte Kunstgeschichte. Eines Tages kaufte ich mir ein Buch über Yoga. Ich übte regelmäßig, dadurch begann ich, mich nach der langen Phase von Schmerz und Verwirrung wieder zu fangen. Langsam hörte ich mit dem Rauchen auf und lernte, insgesamt besser für mich zu sorgen.

Da ich nun meinen Platz in der Welt gefunden hatte und mich besser um mich selbst kümmern konnte, ging vom Leben eine neue, magische Anziehungskraft aus. Ich musste nicht mehr in eine andere Wirklichkeit flüchten. Es war zwar nicht einfach, da ich nur wenige Menschen kannte, ich wurde aber immer freundlich aufgenommen.

Auch Diana zog nach Amsterdam. Wir waren wieder zu dritt, allerdings musste jede von uns ihr eigenes Leben aufbauen.

Während meines Studiums lernte ich Henk kennen, der mein erster Yogalehrer war und meine große Liebe wurde. Aus dieser Liebe wurde Kabir, unser Sohn, geboren.

Durch Henk kam ich mit der mystischen Lehre des Sufismus, die eine große Rolle in meinem Leben spielen sollte, in Berührung. Das Ideal des Sufismus besteht darin, Gott im Menschen zu finden. Das war ein Weg, an den ich immer schon geglaubt hatte, und ich freute mich über die Entdeckung, dass es das wirklich gab.

Yoga, Meditation und Sufismus sind meine treuen Gefährten auf der Reise zu mir selbst geworden.

Während ich mein Studium an der Universität beendete, erhielt ich von dem Museum, in dem ich mein Praktikum absolvierte hatte, einen Brief. Frauen, die ihr Studium beendet hatten, wurden subventionierte Stellen angeboten. Ich war gerade im achten Monat schwanger und reagierte sofort. Ich sagte einer Freundin und Kommilitonin, die gerade ein Kind bekommen hatte, Bescheid. Sie war begeistert und wir beschlossen, das Projekt im Museum zu teilen, sodass wir beide einen Job hatten und dennoch Zeit für unsere Familien übrig blieb. Die Hälfte meines Einkommens ging an den Babysitter, der an zwei Tagen die Woche auf meinen Sohn aufpasste, aber ich hatte ein gutes Gefühl bei der Sache.

Nach zwei Jahren wurden dem Museum die Zuschüsse gestrichen. Wir konnten nicht weiterbezahlt werden. Das Projekt war beendet.

Man kündigte uns. Ich war darüber sehr traurig. Ich habe mich bei mehreren Museen beworben, bekam aber nirgends Arbeit, nicht einmal als Freiwillige. Ich wurde mutlos und depressiv.

Aber nach einer Weile begriff ich, dass das eine neue Chance war, mich weiter mit Yoga und Psychologie zu beschäftigen. Sehr schnell öffneten sich die Türen. Ich fing an, Yogastunden zu geben, und schrieb mein erstes Buch über Yoga und Schwangerschaft. Ich fand einen Verleger, der mein Buch herausbringen wollte. Später folgten weitere Bücher, die sich alle mit der Entwicklung des Menschen beschäftigen; es kamen Fernsehprogramme und eigene Videos. Ich habe gelernt, dass jede Krise die Möglichkeit zu einer Verbesserung im Leben bietet, sofern wir bereit sind, nach innen zu schauen, zu fühlen, zu akzeptieren, zu entspannen und das Vertrauen in die Zukunft zu bewahren, was auch geschehen möge.

Biografie-Übung

Beschreiben Sie Ihr Leben. Fangen Sie in der Kindheit an. Welche Erfahrungen haben den größten Eindruck auf Sie gemacht?

Meistens kommen bei dieser Übung viele Emotionen hoch. Das ist gut so. Nehmen Sie Ihre Emotionen an und empfinden Sie sie noch einmal: Ihren Schmerz, Ihre Freude, die Angst, Ihr Entzücken. Wenn Sie die Gefühle einmal aufgeschrieben und durchlebt haben, können Sie sie loslassen, sich entspannen und weiter Ihr jetziges Leben leben.

GEHEIMNIS 99

Der kosmische Zeitplan

Mit der kosmischen Zeit in das neue Millennium.

Dieser kosmische Zeitplan aus dem Mittelalter ging ursprünglich aus der mystischen Bruderschaft der Rosenkreuzer hervor. Ich setze ihn selbst seit vielen Jahren mit gutem Ergebnis ein. Es gibt günstige und weniger günstige Zeiten für fast alle Unternehmungen im Leben. Dieser Zeitplan richtet sich nach der kosmischen und nicht nach der »normalen« Zeit. In der Übersicht auf Seite 272 sind sieben Zeitabschnitte von Stunde zu Stunde und von Tag zu Tag dargestellt. Zu jeder der Phasen passen bestimmte Unternehmungen sehr gut, während man andere eher vermeiden sollte. Welche Unternehmungen gemeint sind, steht in der folgenden Beschreibung.

Versuchen Sie es einfach mal – natürlich gibt es Umstände, die es verhindern, dass man sich danach richtet – und testen Sie, ob Sie auf diesem Weg in einen positiven Lebensfluss kommen, in dem Ihre

Träume Wirklichkeit werden, und Sie sich mit sich selbst, Ihrer Umgebung und dem Kosmos in Harmonie befinden.

Phase A

Während dieser Tageszeit können Sie viele Dinge mit der Zuversicht tun, ein gutes Ergebnis zu erreichen und die Mitwirkung des Kosmos zu erhalten. Es ist auch eine Zeit voller Energie, geprägt von zahlreichen stürmischen Impulsen, die in Zaum gehalten werden müssen. Auch alle Worte und Taten sollten behutsam der eigenen Kontrolle unterworfen werden.

Positiv: Konzentration auf ein Vorhaben; Entwicklung von Details; Bitte um eine Gunst an Personen in hohen Positionen, besonders um die eigene Position in Bezug auf politische Macht oder soziale Stellung zu verbessern; Bitte um Aussetzung oder Aufschub in Zusammenhang mit Gerichtsverfahren; Weiterempfehlung eines Vorschlags; Bemühen, einer hochrangigen Person vorgestellt zu werden; klärende Gespräche mit staatlichen Funktionsträgern oder wichtigen Amtsinhabern; Unterzeichnung von Testamenten, Urkunden oder Übereignungen; Briefe, um eine Gunst zu erwirken oder eine Beförderung oder Empfehlung zu erreichen; Briefe, um sich Respekt zu verschaffen bzw. Ihre Firma oder ein Vorhaben zu befürworten; Gespräche mit der Bank und Finanzmaklern mit dem Ziel, eine Vertrauenssituation für Sie persönlich oder Ihre Firma herzustellen; Auftritte in der Öffentlichkeit oder Ansprachen, um Ihnen oder Ihrer Firma Ansehen und

Ehre einzubringen oder Ihren Ruf oder den Ihres Unternehmens zu festigen.

Negativ: Beschäftigung mit kriminellen Personen oder schlechten Geschäften, auch wenn Sie Anwältin oder Unternehmensberaterin sind; Start einer neuen Unternehmung; Einbringen eines neuen Plans oder neuer Vorschläge; Viehkauf; Unterzeichnung von Verträgen und Übereinkünften; Antritt von Kurzreisen von einigen Tagen; Beschäftigung mit Eheangelegenheiten; Heirat; Beginn von Beziehungen; Geldanleihen; Umzug, sowohl geschäftlich als privat; Baubeginn eines neuen Gebäudes; erste Investition in ein neues Geschäft; Erwerb, Verkauf und Anmietung von Immobilien; medizinische Eingriffe.

Phase B

Da es sich hier um eine veränderliche Zeitphase handelt, lässt sie sich einfach an unterschiedliche Umstände anpassen. Es ist eine fruchtbare Zeit, weil die meisten Dinge, die in diesem Abschnitt begonnen werden oder ihren Höhepunkt erreichen, mehr Früchte abwerfen als unsprünglich angenommen. Diese Zeit bringt allerdings auch Impulse intellektueller und gesellschaftlicher Art mit sich, vor denen man sich hüten sollte.

Positiv: alles, was mit Kunst, Musik, Verschönerung des Heims oder der eigenen Person zu tun hat; rein materielle oder sinnliche Dinge; den Beginn einer neuen Unternehmung; Genuss von Kunst, Musik und Theater; Viehkauf; Eintreiben ausstehender Gelder; Beschäftigung mit der Gemeinschaft im Sinne von Regierungspolitik, Verwaltungsangelegenheiten und öffentlichen Einrichtungen oder Anwerbung von Kunden; Einstellung von Vertretern, Spendensammlern, Handelsreisenden, Verkäufern und Arbeitnehmern für wichtige Posten, sowohl geschäftlich als auch privat; neue Bekanntschaften, sie sind im Allgemeinen zuverlässig und sind es wert, Ihre Freundschaft und Ihr Vertrauen zu genießen, wenn die betreffenden Personen auf rein gesellschaftlichem Weg in Ihr Leben gekommen sind; Beginn von Kurzreisen, die zwei oder drei Tage oder aber kürzer als einen Monat dauern; Hochzeit oder neue Beziehungen; Geldanleihen bzw. um Geld zu verleihen; Umsetzung neuer Pläne in Bezug auf geschäftliche oder private Unternehmungen; intensive Beschäftigung mit den Themen Erholung und Gesellschaft; Feste im privaten Bereich; Versuch, eine Gunst in gesellschaftlicher Hinsicht erwiesen zu bekommen oder ein geschäftliches Entgegenkommen aus der Privatsphäre zu erhalten; Spekulationen, Glücksspiele und Investitionen in Spekulationsprojekte; Auseinandersetzung mit Frauen, sowohl in geschäftlicher als auch gesellschaftlicher Hinsicht.

Negativ: große Ambitionen; Einstellung von Personal für den Haushalt; Beginn langer Reisen, insbesondere Fern-, Zug- oder Schiffsreisen.

Phase C

Es handelt sich um eine Zeit, die auf vielerlei Arten veränderlich ist, große geistige Aktivität hervorruft, aber weder Takt noch Umsicht fördert. Deshalb sollte man sich nicht auf seine Behutsamkeit verlassen. Man sollte sich auch vergegenwärtigen, dass man es in diesem Zeitabschnitt mit einem frischen Geist und wacher Sprache zu tun bekommt. Die Menschen, die Ihnen in dieser Zeitphase einen Plan oder einen Vorschlag vorlegen, neigen sehr dazu, zu übertreiben oder Sie durch Worte oder Äußerlichkeiten zu täuschen. Fälscher, Betrüger, Lügner, hinterlistige Personen und solche, die allzu geschickt ihre kunstfertigen Finger einsetzen, treten in diesem Zeitabschnitt häufig auf. Schützen Sie sich dementsprechend.

Positiv: Beschäftigung mit den schönen Künsten oder mit den intellektuellen Aspekten des Lebens, besonders wenn es um Ausbildung und Schulung, die Veröffentlichung einer wissenschaftlichen Untersuchung oder um verlegerische Tätigkeiten geht; Unterricht an Schulen, Hochschulen oder Universitäten; Werbekampagnen, die pädagogische Elemente beinhalten; Studium; Erwerb spezieller Kenntnisse; analytische Untersuchungen von Dokumenten, Büchern, Unterlagen und Anträgen; juristische Auseinandersetzungen; geistige Aktivitäten, wie etwa Schreiben, Denken, Sprechen, eigene Forschungstätigkeit; Theater, Musik und Kunst; Viehkauf und Verhandlungen auf dem Viehmarkt; Verträge, sofern sie nur eine kurze Laufzeit haben; Eintreiben von offenen Rechnungen; Bekanntschaften; Einstellung von Personal für ganz unterschiedliche Aufgaben; Kurzreisen; literarische Arbeiten, schreibender Journalismus; Vorbereitung von Anzeigen sowie Initiation neuer Reklamekampagnen; Versand von Informationsmaterial geschäftlicher und gesellschaftlicher Art; Einnahme von Medikamenten; Therapien, die dem körperlichen Wohlbefinden dienen; Verleihen von Geld, weniger Geldanleihen; Errichtung von Gebäuden; Planung neuer Unternehmungen; Auseinandersetzung mit okkulten, philosophischen und übernatürlichen Dingen; vertiefende Betrachtungen und das Sich-bewusst-machen großer Wahrheiten; Wagnis mit risikoreichen oder finanziell zweifelhaften Unterfangen; Entspannung; Umgang mit anderen Menschen; Unterzeichnung wichtiger Unterlagen; schwierige Kundenbesuche; Schreiben wichtiger Briefe.

Negativ: Auseinandersetzungen mit privaten oder öffentlichen Feinden, um sie vor Gericht zu laden oder zu versuchen, einen Vergleich mit ihnen zu erwirken; Ehe; Auseinandersetzungen mit Anwälten; Erfindungen oder Erörterung mechanische Probleme; Versuch, im Job eine Beförderung zu erhalten; Anerkennung von Regierungsfunktionären oder prominenten Personen; Ankauf von Immobilien; Versuch, eine Gunst zu erwirken; spirituelle Entwicklung oder Konzentration; medizinische Eingriffe.

Phase D

Positiv: allgemeine, materielle Geschäftsangelegenheiten, um mit Geschäftspartnern die Lage zu klären und Informationsarbeit zu leisten; Ausführung von Bepflanzungen oder anderer Landarbeit; Einstellung von Personal; Kurzreisen oder längere Schiffsreisen; Schreiben, Kontrollieren, Abhandeln von literarischen oder journalistischen Texten; Ehe, Partnerschaft; Marine-Angelegenheiten; Einnahme von Medikamenten; therapeutische Hilfe bezüglich Körper oder Geist; metaphysische Studien und Analysen; Beschäftigung mit Aktien in den Bereichen Verschiffung und Transport; Verschiffung von Gütern zu Plätzen außerhalb der Stadt, in der Sie leben; medizinische Eingriffe; Kundenwerbung und Verkäufe; Auseinandersetzung mit Frauen; Wachrufen von Ambitionen, die auch ihre Früchte abwerfen werden.

Negativ: Beginn neuer Unternehmungen; Viehkauf; Schließen von Verträgen; Unterzeichnung von juristischen Akten oder Verträgen; Einleitung von Gerichtsverfahren; Geldanleihen; Unterzeichnung von Papieren oder Unterlagen, die mit Geldangelegenheiten zu tun haben; Spekulationen, Teilnahme an Glücksspielen; Verfassen von Briefen, Plädoyers oder Anträgen, die um eine Gunst oder um Hilfe in Zusammenhang mit Ihrem geschäftlichen, persönlichen oder gesellschaftlichen Leben ersuchen.

Phase E

Positiv: streitlustige Auseinandersetzungen; Beginn von Aktivitäten, die tiefes Nachdenken erfordern und denen eine lang anhaltende Kampagne oder einzelne, sich regelmäßig wiederholende Aktionen folgen; Bewertung der eigenen Geschäfte durch Richter, Experten, Polizei, Senatoren, Bürgermeister oder Chefs großer Firmen, in deren

Macht es liegt, Entscheidungen zu treffen; Aufrechterhaltung von Dingen, die in dieser Zeit begonnen oder beendet wurden; Stabilität und Dauerhaftigkeit; literarische Arbeiten, schreibender Journalismus; Anzeigen oder verkaufsfördernde Maßnahmen; Beginn eines Gerichtsprozesses oder eine kritische Beurteilung von Anklageschriften und Streitigkeiten; Erfindungen und mechanische Probleme; Metallverarbeitung; Umzug in neue Wohnräume; An- oder Verkauf von Immobilien oder das Beziehen von Immobilien und das Übertragen von Immobilien auf andere; wissenschaftliche Projekte; spirituelle Meditation.

Negativ: Aufsetzen von Verträgen oder Vereinbarungen, außer Hauskauf; Versuche, Geld zu sammeln; Aussaat von Samen und Beginn anderer Tätigkeiten in der Landwirtschaft; neue Bekanntschaften; Einstellung von Personal, Agenten, Verkäufern; Antritt von langen Reisen, Seereisen; Einnahme von Medikamenten; Therapie zur geistigen oder körperlichen Genesung; An- oder Verleihen von Geld; Gebäudebau; Gunst oder Anerkennung von Regierungsfunktionären oder prominenten Personen; Beginn riskanter Unternehmungen; intensive Beschäftigung mit Entspannung und gesellschaftlichen Angelegenheiten; Spekulationen; medizinische Eingriffe; Ehe; Verfassen wichtiger Briefe.

Phase F

Diese Zeitspanne ist immer eine der günstigsten am Tag. Phase F könnte man auch als Glücksphase bezeichnen, während die vorhergehende Zeitspanne E allgemein als Unglücksphase betrachtet wird. Dazu muss noch Folgendes bemerkt werden: Diese Zeit schenkt Körper und Geist viel Energie. Einige Menschen werden dazu veranlasst, in mancherlei Hinsicht zu übertreiben, aber insgesamt ist diese Zeit eine fruchtbare Zeit.

In geschäftlicher Hinsicht ist diese Zeitspanne für Männer günstiger als für Frauen, in gesellschaftlicher Hinsicht haben Frauen den Männern gegenüber Vorteile. Es handelt sich um eine positive Zeit, die auch einen natürlichen Hang zu Vorsicht und Takt aufweist. Ganz allgemein gibt und bringt uns diese Phase den Geist und die Liebe der Gerechtigkeit und sie fördert die Dauerhaftigkeit.

Positiv: neue Unternehmungen; Viehkauf; Verhandlungen im Allgemeinen; Spekulationen; Arbeit an geschäftlichen Zielen; Aufstellen oder Unterzeichnen von Verträgen, Vereinbarungen und Akten, die speziellen Anforderungen genügen müssen; Einforderung ausstehender Bezahlungen oder von Geld allgemein; Informationsarbeit; neue Bekanntschaften; Beginn langer Reisen – geschäftlicher oder vergnüglicher Art; Kurzreisen per Schiff; literarische Arbeiten, Verfassen journalistischer Texte; Angelegenheiten mit Anwälten; Vorlage von Anklageschriften sowie anderer Unterlagen bei Gericht; Prozessbeginn vor Gericht; Ehe und Partnerschaft; Geldanleihen; Errichten von Gebäuden; Ausarbeiten von Plänen für neue Unternehmungen; Abhalten von Vorstandssitzungen; Verhandlungen; Beförderungen; Erhalt guter Reputation; Bankkredite; Kontakte mit Regierungsfunktionären, einem großen Publikum oder prominenten Personen; An- und Verkauf von Immobilien; soziale Angelegenheiten; Erholung; Gunst erwiesen zu bekommen, insbesondere für Frauen, die Gunst vom anderen Geschlecht erwirken möchten, sowohl in geschäftlichem als gesellschaftlichem Kontext; Unterzeichnung von Papieren, die wichtige Dinge festlegen; Spekulationen; Schreiben wichtiger Briefe.

Negativ: Einstellung von Hauspersonal; maritime Angelegenheiten.

Phase G

In dieser Zeit kann es leicht zu einem Unglück kommen, deshalb sollte man darauf achten, sich nicht an risikoreichen Orten aufzuhalten oder in der Nähe von Feuerwaffen, Sprengungen oder anderer Geschehnisse, die zu körperlichem Schaden führen können. Im Krankheitsfall ist eine Neigung zu hohem Fieber vorhanden, wobei die Körpertemperatur von Natur aus jetzt höher ist als während der anderen Zeitphasen.

Positiv: Dinge, die Energie und Kampfeslust, Durchhaltevermögen und Durchsetzungsvermögen erfordern und mehr körperliche als mentale Energie verlangen; materielle Themen; Gefühle; Einforderung von Geld; Einstellung von Handelsreisenden, Agenten; Anwerbung von Kunden; Angelegenheiten des Militärs und der Marine; Ausarbeiten mechanischer Probleme bei Erfindungen und Bauplänen; Metall und Metallbearbeitung; wissenschaftliche Tätigkeiten; Wohlwollen von Männern zu erhalten, inbesondere für Frauen, in Bezug auf geschäftliche oder gesellschaftliche Angelegenheiten.

Negativ: Wohltätigkeit oder Themen, die mit dem Erhalt von Geschenken oder einer Gunst zu tun haben; öffentliche humanitäre Aktivitäten; Umsicht und Takt; Viehkauf; Abrechnung mit Feinden; Beginn langer Reisen; juristische Angelegenheiten; Angelegenheiten mit Anwälten; Gerichtsprozesse; Ehe und Partnerschaft; medizinische Eingriffe; Kontaktaufnahme mit Frauen.

Die Phasen an jedem Wochentag

	Zeitabschnitt	Sonntag	Montag	Dienstag	Mittwoch	Donnerstag	Freitag	Samstag
1	0.00 bis 3.25	G	C	F	B	E	A	D
2	3.25 bis 6.51	A	D	G	C	F	B	E
3	6.51 bis 10.17	B	E	A	D	G	C	F
4	10.17 bis 13.42	C	F	B	E	A	D	G
5	13.42 bis 17.08	D	G	C	F	B	E	A
6	17.08 bis 20.34	E	A	D	G	C	F	B
7	20.34 bis 0.00	F	B	E	A	D	G	C

Nützliche Adressen

Rückenstrecker
De Backstretcher
Help Medical
Verkaufsinformation
Tel: 0031-35-531 34 35
Fax: 0031-35-531 54 77

Dreamtime Healing
Margret Bakker
1 Helmerstraat 13/III
NL-1054 CX Amsterdam
Tel: 0031-20-612 65 02

Die Autorin ist über folgende E-Mail-Adresse zu erreichen:
patricia.blok@euronet.nl